O JOGO DA VIDA

Florence Scovel Shinn

O JOGO DA VIDA

© Publicado em 2017 pela Editora Isis.

Revisão de textos: Ana Paula Enes
Diagramação: Décio Lopes

Dados de Catalogação da Publicação

Shinn, Florence Scovel

O Jogo da Vida / Florence Scovel Shinn | 1ª edição | São Paulo, SP | Editora Isis, 2017.

ISBN: 978-85-8189-090-6

1. Autoajuda 2. Poder Pessoal I. Título.

Proibida a reprodução total ou parcial desta obra, de qualquer forma ou por qualquer meio seja eletrônico ou mecânico, inclusive por meio de processos xerográficos, incluindo ainda o uso da internet sem a permissão expressa da Editora Isis, na pessoa de seu editor (Lei nº 9.610, de 19.02.1998).

Direitos exclusivos reservados para Editora Isis.

SUMÁRIO

1. O jogo 7

2. A lei da Prosperidade 17

3. O poder da palavra 27

4. A lei da não resistência 37

5. A lei do karma e a lei do perdão 47

6. Entregar a carga (impressionar o subconsciente) 57

7. O amor 67

8. Intuição, direção 79

9. A perfeita expressão de si mesmo ou o desígnio divino 91

10. Negações e afirmações 103

1

O JOGO

A maioria das pessoas considera a vida como uma batalha, mas a vida não é uma batalha e sim um jogo.

Mas é um jogo que não se ganha se não houver conhecimento da lei espiritual. O Antigo e o Novo Testamentos nos apresentam com uma maravilhosa clareza as regras do jogo. Jesus Cristo nos ensinou que esse jogo é chamado "dar e receber".

Tudo o que um homem planta, ele colhe...

Isso significa que tudo o que uma pessoa dá, por meio da palavra ou da ação, ela receberá. Quando plantar ódio, receberá ódio; quando amar, será amada; quando criticar, não será salva da crítica; quando mentir, alguém também lhe mentirá; quando fizer armadilhas, será roubada, e assim por diante.

Somos ensinados também que a imaginação tem um papel primordial no Jogo da Vida.

> *Sobre tudo o que se deve guardar, guarda o teu coração, porque dele procedem as fontes da vida.*
> (Prov. 4, 23).

Isso significa que aquilo que imaginamos se exterioriza, mais cedo ou mais tarde, em nossa vida. Conheço um senhor que temia determinada doença, tratava-se de uma enfermidade pouco comum e supercontagiosa, contudo, ele não parava de falar e ler artigos sobre ela. Certo dia, essa mesma doença manifestou-se nele e esse homem morreu vítima da sua própria imaginação deteriorada.

Observamos que, para se ter sucesso no jogo da vida, é imprescindível dirigir bem nossa imaginação. Devemos imaginar nossa vida representada apenas para o bem. Você deve atrair "todos os desejos do seu coração", os mais justos como a santidade, a riqueza, o amor, as amizades, a perfeita expressão de si mesmo e a realização dos seus principais ideais.

A imaginação é conhecida como "as tesouras da mente". Na verdade, ela recorta sem parar, dia após dia, as imagens que o ser humano faz, cedo ou tarde, e encontra no plano exterior suas próprias criações. Para formar convenientemente sua imaginação, o ser humano deve conhecer a natureza do seu espírito e sua forma de funcionamento. Os gregos já diziam: "*Conhece-te a ti mesmo*".

A mente possui três planos: o subconsciente, o consciente e o superconsciente.

O **subconsciente** não é mais do que uma força sem direção. Ele se parece com o vapor ou a eletricidade e manifesta apenas o que se ordena, não tem um poder intrínseco. Tudo o que as pessoas sentem profundamente ou imaginam claramente fica impresso no subconsciente e se manifesta nos pequenos detalhes.

Por exemplo, conheço uma senhora que, desde criança, se fazia passar por viúva. Ela se vestia de preto e com um largo manto. Seus familiares a achavam divertida e engraçada. Quando se tornou mulher, casou-se com um homem que amava profundamente. Pouco tempo depois, seu marido morreu e ela se vestiu com um largo manto durante muitos anos. Seu subconsciente, impressionado pela própria imagem que havia criado no passado, exteriorizou-se sem levar em conta sua dor.

O **consciente** é conhecido como uma mente mortal ou carnal. A mente humana enxerga a vida da mesma forma que ela se manifesta. Observa a morte, os desastres, a doença, a miséria, as limitações de todo tipo e registra tudo isso no subconsciente.

O **superconsciente** é a mente de Deus que se encontra em cada ser humano, é o plano das ideias perfeitas.

É aí que se encontra o "modelo perfeito" revelado por Platão, o Plano Divino, uma vez que há um Plano Divino para cada pessoa.

Há um lugar que só você deve ocupar e nenhuma outra pessoa; você tem uma missão que nenhuma outra pessoa pode cumprir.

Existe uma imagem perfeita desse fato no subconsciente. Essa imagem aparece frequentemente no nosso consciente como um ideal fora de alcance, "algo muito bom para ser verdade". Na realidade, esse é o verdadeiro destino do ser humano, projetado pela própria Inteligência Infinita. Porém, muitas pessoas ignoram seu verdadeiro destino e tratam de forçar as situações que não lhes são próprias, podendo causar fracassos e desilusões.

Uma jovem, por exemplo, veio me procurar para pedir o *"pronunciamento de uma palavra"*[1] com a finalidade de poder se casar com um homem que amava profundamente. (Ela o chama de A. B.).

Eu disse que seria uma violação da lei espiritual, então aconselhei o pronunciamento para o homem mais adequado, de *"escolha divina"*, e acrescentei: "Se o A. B. for o homem mais adequado, você não irá perdê-lo, mas, se ele não for, você encontrará um melhor". Ela se encontrava com A. B. constantemente, mas ele não se declarava.

Certa noite, essa jovem veio me procurar e disse: "Sabe que, depois de uma semana, o A. B. não me parecia mais aquele homem extraordinário!". Eu lhe respondi: "Talvez ele não seja seu homem do Plano Divino, pode ser que seja outro". Pouco tempo depois, a jovem conheceu outro homem e apaixonou-se imediatamente por ele, e o homem havia declarado que ela era a pessoa ideal com quem sonhava. Na verdade, ele disse tudo o que ela sempre quis ouvir de A. B. Para a jovem, tudo aquilo parecia deslumbrante.

---

1 Essa expressão que encontraremos ao longo de todo o livro significa "afirmar", "restabelecer a verdade".

Não demorou muito para ouvir suas vozes interiores e abandonou de vez seu interesse por A. B.

Esse é um exemplo da lei da substituição: uma ideia justa que substitui uma ideia falsa e, consequentemente, não há perda nem sacrifício.

Jesus Cristo disse: "Busca o reino de Deus e sua justiça e tudo lhe será dado em acréscimo." E ainda afirmou que o seu reino está dentro de nós. O reino é plano das ideias justas, do modelo divino.

Jesus Cristo também nos ensinou que nossas palavras têm um papel capital dentro do jogo da vida. "Por tuas palavras serás justificado e por tuas palavras serás condenado.". Muitas pessoas causam desastres em suas vidas por palavras desconsideradas.

Certo dia, uma senhora perguntou-me por que sua vida era tão pobre e tão mesquinha. Ela tinha um lar repleto de móveis e utensílios lindíssimos e possuía muito dinheiro. Ao investigar um pouco mais, descobri que ela havia cansado de comandar sua casa e repetia sem parar: "Eu não quero todas essas coisas, gostaria de viver dentro de uma maleta!". E acrescentou: "E isso já está realizado". Sua palavra estava precipitada. O subconsciente não tem sentido de humor, portanto, as pessoas provocam seu próprio mal em razão de suas brincadeiras.

Apresento outro bom exemplo: uma pessoa que possuía grande fortuna divertia-se constantemente e dizia que fazia isso porque "se preparava para entrar em um asilo". Poucos anos depois, ela encontrava-se à beira da ruína por ter registrado em seu subconsciente a imagem de mediocridade e pobreza.

Felizmente, a lei espiritual pode ser revertida e uma situação de desgraça pode ser transformada em uma situação vantajosa.

Num desses dias quentes de verão, uma pessoa veio me procurar em casa para solicitar um "tratamento" de prosperidade (na metafísica "tratar" significa submeter-se a uma ação de oração). Ela estava esgotada, abatida e desorientada, disse-me que só tinha oito dólares para viver. Eu lhe respondi: "Perfeito, vamos benzer e multiplicar esse dinheiro da mesma forma que Jesus Cristo multiplicou os pães e os peixes.". Uma vez que Ele nos ensinou que *"todos os homens têm o poder de benzer, multiplicar, curar e prosperar"*.

Ela perguntou: "E depois, o que devo fazer?". E eu respondi: "Seguir sua intuição. Você sente atração por alguma coisa ou algum lugar?".

Intuição vem do latim *intueri*, que significa "ver interiormente", ou seja, considerar, contemplar a partir do interior. A intuição é um guia infalível para o ser humano. Em seguida, vou falar mais detalhadamente sobre suas leis em outro capítulo.

Voltando à história, a senhora refletiu: "Não sei, mas acho que devo voltar para casa da minha família, tenho apenas o dinheiro justo para a viagem de ida".

Sua família morava num lugar afastado e pobre; sua razão e seu intelecto diziam-lhe: "Fique em Nova York, encontre trabalho e ganhe dinheiro".

Mas, em vez disso, eu lhe disse: "Vamos, volte para sua casa, nunca rejeite a sua intuição!". Em seguida, pronunciei para ela as seguintes palavras: "Espírito Infinito, abra os caminhos da abundância para a senhora X e atraia para ela tudo o que lhe pertence por direito divino.".

Então lhe recomendei repetir essa oração sem parar e ela partiu imediatamente. Alguns dias depois, em uma visita, reencontrou uma velha amiga de sua família.

Por meio dessa amiga ela recebeu milhares de dólares de maneira milagrosa. Depois me disse o seguinte: "Conte a história da senhora que veio lhe ver com apenas oito dólares no bolso e uma intuição.".

A abundância existe sempre no caminho do ser humano, mas não acontece simplesmente pelo desejo, pela fé ou pela palavra pronunciada. Jesus Cristo disse claramente que é o ser humano que tem que dar o primeiro passo.

Pedi e dar-vos-ei; buscai e encontrareis; batei e abrir-vos-ei.
(Mateus 7,7.)

E nas Escrituras se lê: *"No que se refere ao trabalho de minhas mãos, pode me mandar".*

A Inteligência Infinita, Deus, está sempre pronta para realizar os desejos dos seres humanos, sejam eles pequenos ou grandes. Todo desejo, expresso ou não, é uma demanda. Podemos nos assustar ao ver um sonho bruscamente realizado.

Certo ano, em pleno feriado de Páscoa, estava passando e vi lindas rosas na vitrine de uma floricultura.

Desejei receber uma e, naquele momento, imaginei mentalmente uma rosa depositada na minha porta. No exato dia da Páscoa, chegou à minha casa um maravilhoso buquê de rosas. No dia seguinte, agradeci a amiga que me presenteou com as flores e lhe disse que era exatamente aquilo que desejava.

Ela me disse: "Mas pedi que fossem enviados lírios e não rosas!". A floricultura havia confundido o pedido com outro e me enviou o buquê de rosas simplesmente porque eu havia colocado em ação a lei, por isso deveria receber um buquê de rosas.

Nada pode cruzar o meio do ser humano, assim como seus ideais e os desejos do seu coração, sem que ele duvide ou tenha medo. Por isso, quando uma pessoa desejar algo ardentemente, todos os seus desejos poderão ser realizados instantaneamente.

Em um capítulo mais adiante, explicarei com mais detalhes a razão científica desse poder e como o medo pode ser apagado do consciente. Esse é o único inimigo do ser humano: o medo da pobreza, do fracasso, da doença, das perdas, enfim, de todos os sentimentos de insegurança sobre qualquer plano que seja. Jesus Cristo disse:

Por que temeis, homens de pouca fé?
(Mateus 8, 26).

Acreditamos que devemos substituir o medo pela fé, pois o medo não é mais do que uma fé invertida: é a fé ligada ao mal no lugar do bem.

Este é o objetivo do jogo da vida: ver claramente o bem e recusar da mente todas as imagens do mal. Isso pode ser obtido por meio da realização do bem sobre o subconsciente. Certo dia, um homem de grande êxito contou-me que apagou de vez todo temor de seu subconsciente quando, um dia, leu num cartaz em letras maiúsculas: "Não se preocupe, pois isso provavelmente não acontecerá jamais". Essas palavras impressionaram seu subconsciente; agora ele tem a convicção de que apenas o bem quer entrar em sua vida e, consequentemente, apenas o bem se manifesta.

No capítulo seguinte, abordarei diferentes métodos que impressionam o subconsciente. Este que é um fiel servidor do ser humano, mas que deve receber ordens convenientes. O ser humano tem ao seu lado e de forma constante uma testemunha atenta: seu subconsciente.

Cada pensamento e cada palavra que se diz ficam gravados no subconsciente e são realizados em pequenos detalhes de modo surpreendente. Isso acontece da mesma forma que um cantor registra sua voz em um CD. Quando o homem tosse ou vacila, o disco também registra. Devemos quebrar os discos que se encontram ruins e velhos em nosso subconsciente e substituí-los por outros novos e bonitos.

Pronuncie em voz alta, com força e convicção estas palavras: "Eu quebro e destruo (por minhas palavras) tudo o que é falso dentro do meu subconsciente. Tudo isso não regressará mais, pois todos os pensamentos em vão saíram da minha imaginação. Desde já, gravo novos discos pelo poder de Cristo que há em mim, que é a saúde, a riqueza, o amor e a expressão perfeita do meu Ser". Aqui está o quadro da minha vida, um jogo completo.

Um pouco mais adiante, ensinarei como o ser humano pode mudar as condições da sua vida apenas trocando as palavras que utiliza no dia a dia. Aquele que não conhece o poder da palavra encontra-se atrasado em relação ao tempo.

A morte e a vida estão no poder da língua.
(Prov. 18, 21.)

2

A LEI DA PROSPERIDADE

Sim, o Todo Poderoso será tua defesa e a ti não te faltará o ouro.

Uma das principais mensagens das escrituras sagradas dirigidas ao ser humano é que Deus é a fonte e que, por meio de sua palavra, o ser humano pode fazer surgir tudo o que lhe pertence por direito divino. Entretanto, deve ter fé integral na palavra que pronuncia. Isaías disse: *"Minha palavra não me retorna sem efeito, sem antes executar minha vontade e cumprir com os meus desígnios"*.

Dessa forma, sabemos que as palavras e os pensamentos possuem uma incrível força vibratória e que dão forma constante ao corpo e a todos os assuntos mundanos.

Certo dia, uma pessoa veio me procurar e disse que se sentia extremamente preocupada. Ela me contou que no próximo dia quinze receberia a cobrança de uma quantia significativa, mas que não tinha como pagar e por isso estava desesperada.

Eu lhe expliquei que Deus é sua fonte e que essa fonte existe para todas as demandas. E pronunciei a palavra! Agradeci para que ela tivesse aquele dinheiro no momento oportuno e de maneira conveniente. Em seguida, disse-lhe que era necessário ter fé sincera e agir de acordo com essa mesma fé.

O dia quinze chegou e o dinheiro não havia aparecido. Então, ela me ligou para perguntar o que tinha que fazer. Eu lhe respondi: "Hoje é sábado, por isso ninguém costuma sair para fazer pagamento. Seu papel é agir como se fosse uma pessoa rica, desse modo, daria prova da fé sincera, a fé de quem conta com esse dinheiro para segunda-feira.".

Então, ela me convidou para almoçar a fim de fortificar seu valor. Quando a encontrei no restaurante, disse-lhe: "Este não é o momento para economizar. Peça o almoço dos seus sonhos, aja como se já tivesse o dinheiro que tanto espera. Tudo aquilo que pede em oração, pode ter certeza que já recebeu.".

No dia seguinte, ela me convidou novamente para passar o dia com ela, mas recusei dizendo: "Você está divinamente protegida e Deus jamais se atrasa.".

À noite, ela voltou a me ligar, dessa vez muito emocionada: "Querida, aconteceu um verdadeiro milagre! Esta manhã eu estava na sala de casa quando bateram em minha porta. Eu ainda adverti minha empregada, pedindo para que não deixasse ninguém entrar. Mas ela olhou pela janela e avisou-me de que se tratava do meu sobrinho. 'Aquele que tem uma barba grande e branca', disse-me. 'Então pode deixá-lo entrar, faz tempo que não o vejo', disse-lhe. Meu sobrinho, por não ter nenhuma resposta, já estava indo embora e havia dobrado a esquina quando escutou a voz da minha empregada chamando-o. Ficamos conversando durante uma hora e, no momento de partir, ele me perguntou: 'Ah! A propósito, como está sua vida financeira?' Respondi que precisava de certo valor em dinheiro e ele me respondeu: 'Pois bem, eu lhe dou no primeiro dia do mês'. Não me inibi e confessei que já iriam cobrar minha dívida. O que devo fazer agora? Sei que vou receber esse dinheiro no primeiro dia do mês, mas preciso para amanhã.".

Expliquei que continuaria com o "tratamento" (na metafísica, fazemos esse tratamento a uma pessoa ou a uma situação por meio da ação da oração) e acrescentei: "O Espírito Santo nunca chega tarde. Agradeço por ter recebido o dinheiro que tanto necessitava do Plano Infinito e por Ele ter se manifestado no momento certo.".

No dia seguinte, pela manhã, o sobrinho ligou para a mulher e lhe disse: "Passe no meu escritório esta manhã que eu lhe darei o dinheiro". Nesse mesmo dia, pouco depois do meio-dia, o dinheiro já estava disponível em sua conta do banco e, assim, ela pode assinar os cheques para pagar sua dívida. Estava realmente emocionada.

Quando pedimos o sucesso preparando-nos para o fracasso, obtemos aquilo para o qual nos preparamos.

Num outro caso, um senhor me procurou para que eu pronunciasse uma palavra que cancelasse sua dívida. Percebi que ele passava a maior parte do tempo pensando no que diria à pessoa a quem devia e que, naquele momento, estava impossibilitado de cumprir com o compromisso de pagamento da dívida. Desse modo, o melhor a fazer era neutralizar a palavra. Então pedi para que ele olhasse para si mesmo no momento de pagar sua dívida.

A Bíblia apresenta uma maravilhosa ilustração para esse caso por meio dos três reis magos, que estavam no deserto, sem água para seus homens e seus cavalos. Eles consultaram o profeta Eliseu, que lhes transmitiu a surpreendente mensagem: "Assim fala o Senhor: 'Cavem dentro deste vale uma fossa. Não haverá vento nem chuva e, no entanto, esse vale se encherá de água e poderão bebê-la, tanto vocês como seus acompanhantes e os cavalos'".

O ser humano deve estar preparado para receber tudo aquilo que pede, mesmo que não tenha em vista o menor sinal do que se trata".

Uma senhora desejava encontrar um apartamento em Nova York, justo em um ano em que havia grande escassez de imóveis no local. Isso parecia uma tarefa impossível e seus amigos ainda contribuíam aumentando sua preocupação dizendo: "Que pena! Você será obrigada a deixar seus móveis numa garagem e viver num hotel". No entanto, ela respondia: "Não se preocupem comigo, sou super-humana e logo encontrarei um apartamento.".

Em seguida, pronunciou a palavra: "Espírito Infinito, abra as portas para que eu encontre um apartamento adequado". Essa mulher sabia que existia uma resposta para cada demanda, que ela era espiritualmente livre e que trabalhando no plano espiritual "junto com Deus seria a maioria".

Ela tinha a intenção de comprar algumas mantas novas, mas "a tentação", o pensamento negativo ou mente racional lhe sugeriu: "Não compre! Por causa de tudo isso você pode não encontrar o apartamento que procura e então não saberá o que fazer com essas mantas". Diante desses pensamentos, ela disse a si mesma: "Ao comprar essas mantas vou 'cavar meu poço'!". Após isso, ela se apressou para encontrar o apartamento, agiu como se já o tivesse e terminou por encontrá-lo de maneira milagrosa, algo que apenas pôde comprovar sua fé, uma vez que havia pelo menos umas duzentas pessoas que também queriam esse mesmo apartamento.

A compra daquelas mantas representou um verdadeiro ato de fé. Vale a pena lembrar que os poços escavados pelos três reis magos no deserto foram inundados de água até a borda. (Veja II Reis, 3).

Sintonizar-se com o plano espiritual não é fácil para a maioria das pessoas. Os pensamentos adversos de dúvida e medo surgem do subconsciente. Essas são as "armas estrangeiras" que devem ir embora. Isso é o que explica porque, muitas vezes, "há mais escuridão do que aurora".

Uma grande demonstração costuma ser precedida de pensamentos dolorosos. Uma vez descobrindo as verdades espirituais, lançamos um desafio às antigas ideias escondidas dentro do subconsciente; é nesse momento que o erro deve ser exterminado. É a hora de fazer afirmações de maneira frequente, de alegrar-se e agradecer por tudo aquilo que já recebeu.

"Antes que me chamem, eu responderei". Isso significa que os "presentes adequados e perfeitos estão preparados, esperando o reconhecimento do homem.".

O ser humano não pode obter nada mais do que tem direito a receber.

Os filhos de Israel tinham a certeza de que poderiam tomar posse de todas as terras que vissem pela frente. O mesmo acontece com os demais seres humanos. Apenas têm posse das terras que existem dentro da sua própria visão mental. Toda grande obra e todo grande acontecimento manifesta-se graças ao que cada um guarda em sua visão, só que, muitas vezes, antes de conseguir o que quer surge o fracasso e a desilusão.

Quando os filhos de Israel alcançaram a "Terra Prometida", não se atreveram a entrar nela, pois diziam que era habitada por seres gigantes que pareciam lagostas. Essa é uma experiência comum a todas as pessoas.

Entretanto, aquele que conhece a lei espiritual não se deixa enganar pelas aparências e se regozija mesmo que esteja numa "prisão". Isso quer dizer que persiste em enxergar a verdade e agradece por tudo que já cumpriu assim como recebeu.

Em relação a isso, Jesus Cristo nos ofereceu um grandioso exemplo e declarou a seus discípulos: "Não me diga que ainda faltam quatro meses para a colheita? Então, eu lhes digo: levantem os olhos e observem os campos porque o grão já está maduro para ser colhido". Sua clara visão transcende o "mundo da matéria" e Ele vê claramente o mundo da quarta dimensão, ou seja, como as coisas realmente são: perfeitas e completas para o Espírito Divino. É assim que o ser humano deve manter constantemente a visão do objetivo de sua viagem e solicitar a manifestação daquilo que já recebeu, tanto quando se trata da saúde perfeita como quando se trata do amor, da prosperidade, da faculdade de expressar-se perfeitamente, do lar, dos amigos etc.

Tudo isso são ideias perfeitas e acabadas, registradas dentro do Espírito Divino (o superconsciente do ser humano), por isso não devem se manifestar a ele, mas sim através dele. Por exemplo, um homem veio me procurar para pedir um "tratamento" para conseguir um negócio. Para ele era indispensável ter a importância de cinquenta mil dólares dentro de certo limite de tempo. O momento estava próximo e ele desesperado me procurou. Ninguém queria emprestar o capital e o banco havia negado categoricamente sua solicitação de crédito.

Foi aí que eu lhe disse: "Suponho que o senhor está irritado com o banco e perdendo suas forças. Você pode dominar todas as situações se dominar a si mesmo. Retorne ao banco enquanto eu trato desse assunto.".

E esse foi meu tratamento: "Por meio do amor, o senhor está identificado com o espírito de todos aqueles que trabalham nesse banco. Que a perfeição divina tome parte dessa situação.". E o homem exclamou: "O que o senhor está pensando? Isso é impossível. Amanhã é sábado, o banco fecha ao meio-dia e meu trem não chega antes das dez. Aliás, a data limite termina amanhã e, de qualquer maneira, eles não querem me escutar. É tarde demais".

Eu respondi: "Deus não se preocupa com o tempo, nunca é tarde para Ele, através Dele tudo pode ser possível", e acrescentei: "Não sei nada de negócios, mas conheço muito bem sobre Deus".

Então, ele me respondeu: "Tudo isso é magnífico de se escutar, mas, enquanto estiver no caminho, essa será uma situação angustiosa para mim".

O homem morava num povoado distante e, a partir desse dia, não soube mais nada durante uma semana. Depois de alguns dias, recebi uma carta que dizia o seguinte: "O senhor tinha razão, acabei recebendo o dinheiro que havia solicitado emprestado. Jamais voltarei a duvidar da verdade e de tudo o que o senhor me disse".

Encontrei-me com esse senhor algumas semanas mais tarde e perguntei-lhe: "O que aconteceu? Pelo visto o senhor teve o tempo necessário.". Ele me respondeu: "Meu trem chegou com bastante atraso, de modo que pude chegar ao banco apenas às onze horas e quarenta e cinco minutos. Entrei tranquilamente e disse: 'Gostaria de solicitar um empréstimo' e eles aceitaram sem restrições.".

Nesses últimos quinze minutos que tinha para resolver tudo, o Espírito Infinito não chegou atrasado. Neste momento, aquele homem não podia fazer mais nada por si só, precisava de uma ajuda extra para manter seu foco de visão perfeita. Isso é o que podemos fazer uns pelos outros.

Jesus Cristo conhece muito bem essa verdade e disse: "Se, na Terra, dois de vocês estiverem de acordo sobre qualquer coisa que queiram pedir, isso lhes será concedido por meu Pai que está no céu". Deixe de lado seus problemas de negócios, repletos de dúvidas e medos.

O amigo, ou seja, o curador vê claramente o sucesso, a saúde, a prosperidade, e não desfalece porque não se encontra envolvido na situação. É infinitamente mais fácil fazer uma "análise" para os outros do que para si mesmo. Por isso é importante pedir ajuda quando se sentir fragilizado.

Um atento observador da vida disse: "Nenhum ser humano pode fracassar se uma pessoa apenas acreditar que ele pode obter êxito". Esse é o verdadeiro poder da visão. É comum uma pessoa dedicar seu êxito à esposa ou ao marido, a uma irmã ou um irmão, ou a um amigo que confiou e, sem dúvidas, deve manter a visão do modelo perfeito.

O PODER DA PALAVRA

Por tuas palavras serás justificado e por tuas palavras serás condenado.

Aquele que conhece o poder da palavra presta muita atenção em sua conversa. Vigia as reações causadas por suas palavras, pois sabe que elas "retornarão ao mesmo ponto sem haver causado seu efeito". Por sua palavra, o ser humano cria suas próprias leis.

Conheci, em certa ocasião, uma pessoa que me disse: "Todos os dias perco o ônibus, ele sempre passa no momento em que estou chegando ao ponto.".

E sua filha disse: "Eu chego ao ponto do ônibus em tempo todos os dias, ele chega sempre na mesma hora que eu.". E isso continuou da mesma maneira durante anos. Cada pessoa havia estabelecido uma lei para si mesma, uma de fracasso e outra de êxito. Aqui encontramos uma explicação psicológica para algumas superstições.

A ferradura de cavalo e o pé de coelho não têm por si só nenhum poder, mas a palavra e a fé podem trazer boa sorte, criam um estado de otimismo dentro do subconsciente que atrai a oportunidade. Entretanto, observei que isso não faz efeito no caso das pessoas mais avançadas espiritualmente e que conhecem uma lei maior. Isto explica: não se pode voltar atrás e é necessário desviar as "imagens criadas".

Dois alunos meus eram bem-sucedidos no mundo dos negócios. No entanto, depois de alguns meses, tudo começou a ir mal repentinamente. Juntos, esforçamo-nos para analisar a situação e descobri que, em vez de fazer afirmações e voltar-se para Deus a fim de alcançar êxito e prosperidade, eles haviam adquirido duas figuras de macacos da "boa sorte". Eu lhes disse: "Ah! Agora compreendo tudo. Vocês estavam acreditando em macacos da sorte e não em Deus. Esqueçam esses macacos e façam um chamamento à lei do perdão". O ser humano tem o poder de perdoar ou neutralizar seus próprios erros.

Decidiram jogar os macacos no cesto de lixo e, a partir daí, tudo começou a melhorar novamente. Isso não significa que devemos eliminar de casa todos os amuletos de "boa sorte", mas reconhecer que existe apenas um único poder que é Deus, e que os objetos servem simplesmente para transmitir um sentimento de otimismo.

Certo dia, uma amiga, que estava muito triste, encontrou uma ferradura de cavalo quando atravessava a rua. Nesse momento, ela ficou muito contente e passou a ter esperanças, estava segura de que Deus havia enviado aquela ferradura para aumentar sua coragem.

Na verdade, levando-se em conta o estado em que se encontrava, aquele acontecimento foi a única coisa capaz de impressionar seu subconsciente. Sua esperança transformou-se em fé e, por isso, teve uma maravilhosa "demonstração". Ao contrário dos dois homens, que confiaram apenas nas imagens dos macacos, minha amiga logo reconheceu sua força superior.

De minha parte, devo dizer que demorei muito para tirar a ideia de que algo me atraía certa desilusão. Toda vez que isso se apresentava, causava-me uma decepção imediata. Entendi que só há um meio para modificar meu subconsciente, que é afirmando: "Não existem duas forças, há apenas uma: Deus. Consequentemente não haverá desilusão e isso vai me anunciar uma feliz surpresa". Em seguida, percebi uma mudança e surgiram prazeres inesperados.

Uma de minhas amigas disse, certa vez, que nada lhe faria passar embaixo de uma escada. Eu lhe disse: "Se você tem medo é porque acredita em dois poderes, no bem e no mal, mas Deus é absoluto, não pode haver uma força oposta ao menos que o ser humano crie a falsa lei da maldade para si mesmo. Para demonstrar que não acredita mais em um único poder, apenas em Deus, e que não há força nem realidade perante o mal. Pode passar embaixo da próxima escada que encontrar.".

Pouco tempo depois, minha amiga foi ao banco. Queria abrir sua caixa de correspondências, mas uma escada impedia sua passagem. Era impossível chegar à caixa sem passar por baixo dela. Espantada, minha amiga foi embora. Não pôde fazer frente ao leão que estava em seu caminho. Porém, quando estava na rua, minhas palavras ressoaram em seus ouvidos e ela decidiu realizar um grande esforço, depois de tantos anos de superstição que lhe haviam deixado prisioneira daquela ideia. Voltou ao interior do local onde estavam as caixas de correspondência e descobriu que a escada não estava mais lá. Naquele momento, percebeu o seguinte: a hora que decidiu dar um ponto final àquela apreensão, o motivo foi embora.

Essa é a lei da não resistência e que se compreende muito pouco.

A coragem contém o gênio e a magia. Enfrente, sem medo, uma situação que parece ameaçadora e verá como ela deixará de existir, como desaparecerá por si só. Isso explica que o medo foi a causa de você se deparar com a escada que surgiu em seu caminho, enquanto que foi o valor que a fez desaparecer.

Dessa forma, as forças invisíveis trabalham constantemente a favor do ser humano que tira forças de dentro de si, sem saber realmente de onde. A causa da força vibratória das palavras e de tudo o que dizemos é justamente o que atraímos. As pessoas que só falam em doenças, são aquelas que mais as atraem.

Quando iniciamos com a verdade não podemos deixar de vigiar as palavras. Por exemplo, uma das minhas amigas sempre me diz ao telefone: "Venha me ver para que possamos conversar um pouco à moda antiga.". Esse "conversar à moda antiga" representa uma hora de palavras destrutivas, negativas, que não levam a nada e ficam perdidas no esquecimento, são assuntos sobre tristeza, fracassos e doenças. Então, eu lhe respondo: "Não, obrigada, essas conversas 'à moda antiga' são muito chatas e eu já tenho muito disso em minha vida. Mas eu gostaria muito de conversar 'à moda antiga' falando sobre coisas boas, daquilo que queremos em vez de falar daquilo que não queremos.".

Um velho ditado popular afirma que o ser humano deve utilizar a palavra apenas para três propósitos: "curar, abençoar e prosperar". Mais precisamente, tudo o que uma pessoa diz ao próximo, diz a si mesma, e tudo aquilo que deseja aos outros, será desejado a si mesma.

Quando alguém deseja "má sorte" à outra, atrai a si mesmo essa negatividade. Mas quando se deseja ajudar o outro a alcançar um êxito, inconscientemente estará se ajudando da mesma maneira.

Os corpos podem ser renovados e transformados pela palavra e por meio de uma clara visão. Já a doença encontra-se completamente afastada do consciente. A metafísica afirma que toda doença tem uma correspondência mental e que, para curar o corpo, é necessário curar antes a alma.

O subconsciente e a alma devem ser salvos dos pensamentos negativos.

No Salmo 23 está escrito: "Ele restaura minha alma". Isso quer dizer que tanto o subconsciente como a alma devem ser restaurados por meio de justos ideais. O "matrimônio místico" acontece entre a alma e o espírito, ou seja, entre o subconsciente e o superconsciente. É necessário que ambos estejam unidos. Quando o subconsciente está repleto das ideias perfeitas do superconsciente, Deus e o ser humano são um só. "Eu e meu Pai somos um só", ou seja, o ser humano está ligado ao plano das ideias perfeitas. Ele é feito à imagem (imaginação) e semelhança de Deus, faz parte do plano do poder e do domínio de toda sua criação, sobre seu espírito, corpo e circunstâncias.

Pode-se dizer que toda doença e toda desgraça provêm da violação da lei do amor. Assim, transmito um novo mandamento: "Ame uns aos outros", pois no jogo da vida, o amor, ou seja, a prática da boa vontade ganha em todos os sentidos.

O fato seguinte explica bem a questão. Uma mulher que conheço havia enfrentado, durante muitos anos, uma grave doença de pele. Os médicos afirmavam que a doença era incurável, por isso ela estava à beira do desespero. Essa senhora era atriz e, dessa maneira, via-se obrigada a renunciar à sua carreira, além de não ter outra fonte de renda. Entretanto, recebeu um contrato muito bom e, à noite, durante uma de suas apresentações, teve grande êxito. A imprensa fez inúmeras críticas positivas a seu respeito, deixando-a maravilhada e cheia de alegria. No entanto, no dia seguinte, reincidiram seu contrato. Um artista, ciumento com seu sucesso, conseguiu a anulação do seu contrato. Foi aí que ela se sentiu amargurada, o ódio apoderou-se dela, que exclamou em voz alta: "Oh, meu Deus, não me deixe odiar este homem!". Naquela mesma noite trabalhou horas "em silêncio".

Mais tarde, ela me disse: "Não demorei muito para entrar num silêncio profundo. Parece que agora estou em paz comigo mesma, com aquele homem e com o mundo inteiro. Continuei trabalhando assim durante as duas noites seguintes e, no terceiro dia, percebi que minha doença de pele estava totalmente curada!".

Ao pedir a expressão do amor e da boa vontade, a lei havia sido cumprida (uma vez que o amor é o cumprimento da lei) e a doença (que fazia parte de um ressentimento enraizado em seu subconsciente) desapareceu.

A crítica contínua causa certos traumas, uma vez que os pensamentos sem harmonia formam depósitos ácidos no sangue e acumulam-se nas articulações. Os tumores ocorrem por causa de ciúmes, ódio, rejeição de perdoar as ofensas, medo, entre outros. Toda doença ou distúrbio forma-se a partir de um estado alterado da mente.

Certo dia, disse aos meus alunos: "Não se trata de perguntar a alguém 'o que é que você tem?', mas sim 'contra quem você está?'". A negativa de perdoar uma ofensa é a causa mais frequente das doenças. A consequência de tudo isso é a esclerose das artérias e do fígado, assim como das doenças oculares. Essa negativa se vê acompanhada por um mal sem fim.

Num dia desses, uma senhora me disse que estava doente porque havia comido uma ostra em más condições.

Então respondi: "A ostra certamente não estava em más condições. A senhora é que deve ter envenenado a ostra. Contra quem a senhora está?". Ela me respondeu: "Oras! Contra dezenove pessoas aproximadamente". Ela tinha brigado com dezenove pessoas e, a partir daí, havia se tornado uma pessoa irritante "atraindo para si a ostra nociva".

Toda falta de harmonia exterior indica uma discordância mental. "O exterior se parece com o interior. Os inimigos do ser humano estão dentro de si mesmo". A personalidade é um dos últimos inimigos que devemos superar, pois este planeta está prestes a receber o início do amor. Vamos lembrar a mensagem que Cristo nos deixou: "Paz na Terra aos homens de boa vontade". O ser humano que é sábio procura aperfeiçoar-se servindo o próximo. Trabalha para si mesmo e aprende a enviar as bençãos e os pensamentos de boa vontade a cada um. E o mais maravilhoso é que quando uma pessoa recebe uma benção, ela perde todo o poder de nos prejudicar.

Um homem veio me pedir um "tratamento" para ter êxito nos negócios. Ele vendia máquinas e a concorrência afirmava que havia uma máquina superior à sua. Meu amigo pensou que fracassaria. Foi então que eu lhe disse: "Em primeiro lugar, precisamos tirar todas as suas dúvidas. Você precisa saber que Deus protege seus interesses e que a vontade divina deve surgir dessa situação, ou seja, sua máquina será vendida para quem realmente precisa dela.". E acrescentei: "Não tenha apenas um pensamento crítico sobre esse concorrente. Abençoe-o durante todo o seu trabalho e esteja preparado para não vender sua máquina se essa for a vontade divina".

Depois de nossa conversa, o homem foi ver seu cliente, sem o menor ressentimento, sem resistência alguma, inclusive abençoando o concorrente. Mais tarde, ele contou-me que o resultado foi fantástico. Na demonstração de venda, a máquina do concorrente não funcionou e ele pôde vender a sua sem a menor dificuldade.

"Eu, porém, vos digo: Amai os vossos inimigos e orai pelos que vos perseguem; para que vos torneis filhos do vosso Pai que está nos céus, pois Ele faz raiar o sol sobre bons e maus e derrama chuva sobre os justos e os injustos".

A boa vontade é a grande protetora daqueles que a cultivam e "toda arma forjada não terá efeito". Em outros termos, o amor e a boa vontade destroem os inimigos que estão contra nós, consequentemente, não há inimigos ao nosso redor!

"A paz reina na Terra sobre aqueles que enviam pensamentos de boa vontade aos seres humanos".

4

A LEI DA NÃO RESISTÊNCIA

Não resista ao mal. Não se deixe comover pelo mal, mas trate de superá-lo por meio do bem.

Nada no mundo pode resistir a uma pessoa que exerce totalmente a não resistência. Os chineses dizem que a água é o elemento de maior força, pois é perfeitamente não resistente. A água pode perfurar uma rocha e varrer tudo o que encontra pela frente.

Jesus Cristo disse: "Não resistis ao mal", pois Ele sabe que, na realidade, o mal não existe e, consequentemente, não há razão nenhuma para resistir. O mal surge da "imaginação em vão" do ser humano, ou seja, da crença de dois poderes: uma do bem e outra do mal.

Segundo a velha lenda, Adão e Eva comeram o fruto de Maya, a árvore da ilusão. A partir daí, puderam diferenciar os dois poderes no lugar de um único poder: Deus. Consequentemente, o mal é uma falsa lei que o ser humano criou em razão de um *psychome*, o sonho da alma, que significa que o ser humano encontra-se hipnotizado pela crença no pecado, na doença, na morte etc., assim como pelo pensamento carnal, e seus negócios e seu corpo adquiriram a forma de suas ilusões.

Vimos no capítulo anterior que a alma faz parte do subconsciente e que tudo o que a pessoa sente profundamente, o bem e o mal, é reproduzido pelo seu fiel servidor. Seu corpo e seus negócios representam o que havia imaginado. O doente imagina a doença, o pobre, a pobreza, o rico, a riqueza.

As pessoas me perguntam: "Como é possível uma criança contrair uma doença, se ainda é muito pequena para entender seu significado?". Respondi que as crianças são sensíveis e receptivas aos pensamentos daqueles que as rodeiam e que é comum exteriorizarem as crenças dos seus próprios pais.

Certo dia, escutei um metafísico afirmar: "Se você mesmo não é capaz de dirigir seu próprio subconsciente, qualquer outro pode fazer isso por você". Ou seja, de maneira inconsciente as mães atraem doenças e desastres para seus filhos por estarem continuamente preocupadas com eles e observando seus sintomas.

Uma amiga, por exemplo, perguntou a uma mãe se sua filhinha já havia contraído rubéola. A mulher respondeu: "Ainda não!". Isso significa que ela espera por essa doença e, desse modo, está preparando o que não quer para sua filha.

Entretanto, aquele que está centrado e estabelecido na verdade, aquele que não tem mais do que pensamentos de boa vontade para com o próximo e não experimenta temor algum, não pode ser atingido, nem estar influenciado por pensamentos negativos de outros. Ao emitir sempre bons pensamentos, vai receber apenas os bons em troca.

A resistência é o inferno, uma vez que situa o ser humano num "estado de tormento".

Um metafísico deu-me uma receita maravilhosa para assegurar-me de todos os prêmios do Jogo da Vida: o máximo da não resistência. Esse homem me disse: "Houve um tempo em que as crianças eram batizadas e recebiam vários nomes. Hoje em dia, as crianças são batizadas e recebem apenas um nome, de acordo com o acontecimento de momento. Por exemplo, se passo por um momento de fracasso batizo meu filho como Êxito em nome do Pai, do Filho e do Espírito Santo!".

Assim é vista a atuação da lei da transformação, fundamentada pela não resistência. Por meio da sua palavra, esse homem transformou em êxito todos os seus fracassos.

Outro exemplo: uma senhora, que precisava de dinheiro e conhecia a lei espiritual da opulência, via-se obrigada a se encontrar com um homem em razão dos seus negócios. A presença desse homem lhe transmitia um sentimento de pobreza, pois ele falava de miséria e limites. Ela, por sua vez, passou a ter pensamentos de mediocridade e a sentir aversão ao homem, acusando-o de ser a causa dos seus fracassos. Entretanto, ela sabia que para demonstrar seus recursos divinos necessitava primeiro ter o sentimento de "ter recebido". O sentimento de opulência deve preceder o de sua manifestação.

Certo dia, de repente, ela percebeu que "persistia" em distinguir os poderes no lugar de ter um só. Então, apressou-se em abençoar o homem em questão e batizou a situação como um "êxito". Em seguida, afirmou: "Já que não existe mais do que uma força, Deus, este homem está aqui para meu benefício e minha prosperidade." (Mais precisamente, aquilo deveria parecer que não havia acontecido).

Pouco depois, e por intermediação desse mesmo homem, a senhora encontrou uma pessoa que, em troca de um serviço prestado, concedeu-lhe uma grande quantia em dinheiro. Em relação ao homem em questão, ele foi embora para um lugar distante e afastou-se definitivamente dela. A mulher afirmou: "Todo homem é um medalhão de ouro dentro da cadeia do meu bem.". Ou seja, todo homem é uma manifestação de Deus, que espera a ocasião, dada por Ele mesmo, de servir ao plano divino referente à sua vida.

"Abençoais vossos inimigos e desviais suas flechas", que elas serão transformadas em bênçãos.

Essa lei é tão verdadeira para as nações como para os indivíduos. Abençoe uma nação e envie pensamentos de amor e boa vontade a cada um dos seus habitantes e assim não será mais prejudicado.

O ser humano pode compreender a não resistência por meio do entendimento espiritual. Meus alunos me dizem frequentemente: "Não queremos ser como tapetes.". E eu lhes respondo: "Quando vocês tiverem a sabedoria da não resistência, ninguém poderá pisoteá-los.".

Outro exemplo: um dia esperava impacientemente por uma importante chamada telefônica. Eu resistia a todas as chamadas que entravam e não ligava para ninguém por medo de não receber a que esperava.

Em vez de declarar: "Os desígnios divinos nunca entram em conflito, por isso esta comunicação chegará dentro do seu devido tempo", deveria deixar o tema aos cuidados da Inteligência Divina. A partir de então, comecei a dirigir minhas próprias operações, ou seja, estava dedicada a me livrar da minha própria batalha, quando esta, na realidade, pertencia a Deus ("a batalha está no Eterno"). Sentia-me tensa e ansiosa. Durante uma hora, não se escutava o som do telefone. Então percebi que o aparelho estava fora do gancho, por isso não dava linha. Minha ansiedade, meu medo e minha fé na desordem deram como resultado um colapso total no telefone. Entendendo meu erro, pude imediatamente abençoar a situação e batizá-la como um "Êxito", afirmando: "Não posso perder nenhuma comunicação que pertença por direito divino: estou dirigida pela graça de Deus e não pelas leis".

Uma amiga precipitou-se e procurou o telefone mais próximo para ligar à companhia telefônica a fim de reestabelecer a comunicação. Entrou em uma loja cheia de clientes e o próprio comerciante ligou para a empresa fazendo a reclamação. O telefone foi "consertado" e em apenas dois minutos recebeu uma ligação muito importante que estava esperando.

"Depois da tempestade vem a bonança" em referência a um ilustre provérbio inglês.

Na medida em que uma pessoa resiste a uma situação, essa situação se mantém. Se fugir, ela a perseguirá.

Certo dia, comentava isso com uma amiga, que me respondeu: "Ah, quanta verdade há em suas palavras! Eu não era feliz em minha casa quando era jovem, não queria ficar com minha mãe, pois ela tinha um espírito crítico e autoritário. Foi aí que decidi me casar e sair de casa, mas substitui minha mãe por meu marido, que era exatamente igual a ela, portanto, me deparei com a mesma situação.".

Reconcilie-se rapidamente com seu adversário. Isso quer dizer: "Convém que a situação fique boa. No momento está atormentada, mas desaparecerá por si só.". "Nada disso me atinge". Essa é uma afirmação excelente.

Uma situação discordante provém de um estado de discórdia que ocorre em casa e por quem a sofre. Quando não há em nós nada que faça eco dessa discórdia, ela desaparecerá para sempre de nossas vidas.

Sendo assim, sabemos que precisamos trabalhar sobre nós mesmos.

As pessoas me pedem: "Reze para que meu marido (ou meu irmão mude)". E eu respondo: "Não vou rezar. Vou rezar para que você mude porque quando você mudar, seu marido ou seu irmão também mudarão".

Uma de minhas alunas tinha o mau costume de mentir. Então a adverti, dizendo que esse método a levaria ao fracasso, que se continuasse mentindo também mentiriam para ela. A resposta foi: "É mais forte que eu, não posso impedir.".

Um dia falava pelo telefone com um homem pelo qual estava apaixonada. Terminada a conversa, veio até mim e disse: "Não acredito em nada do que ele me diz, estou convencida de que ele está mentindo para mim". Eu lhe respondi: "Pois bem, já que você mente, alguém mentirá para você e pode estar segura de que aquele que lhe mente é o mesmo que desejaria escutar a verdade.".

Algum tempo depois, essa mesma aluna comunicou-me: "Estou curada da mentira.". Perguntei: "E o que foi que você curou?", perguntei. "Estou morando com uma senhora que mente mais do que eu!", foi sua resposta. Muitas vezes, curamos nossos próprios defeitos observando as outras pessoas. A vida é um espelho e vemos no outro praticamente nosso reflexo.

Viver no passado é nefasto e uma violação à lei espiritual.

Jesus Cristo disse: "O agora é o tempo propício, chegou o dia da redenção".

Como muitos sabem, a mulher de Ló olhou para trás e foi convertida a uma estátua de sal, em desobediência aos mensageiros de Deus.

O passado e o futuro são os ladrões do tempo. Vale a pena abençoar o passado e esquecê-lo, assim como abençoar o futuro, com a certeza das alegrias que nos trará, e viver plenamente o momento presente.

Veja isto: uma senhora queixou-se que não tinha dinheiro para comprar os presentes de Natal. "O ano passado foi totalmente diferente: tinha muito dinheiro e pude dar bons presentes, mas este ano só tenho dívidas". Eu lhe disse: "Você nunca terá dinheiro se continuar compadecendo-se e vivendo no passado. Viva plenamente este momento e prepare-se para dar presentes no Natal. Cave seu próprio poço e o dinheiro aparecerá.".

"Já sei o que vou fazer!", exclamou a mulher. "Vou comprar um papel bem bonito e um laço prateado para embrulhar meus presentes.". "Faça isso mesmo", eu respondi. "E os presentes virão para os seus próprios embrulhos".

Mesmo assim, ainda há provas de coragem a ser dadas e fé em Deus, portanto, a razão aconselha: "Conserve cada centímetro que tem até estiver seguro de que vai receber mais".

Minha consultante fez exatamente o que eu disse e uns dias antes do Natal recebeu um presente bem generoso.

A aquisição do papel de presente e do laço haviam impressionado de tal modo que seu subconsciente criou certas expectativas, abrindo o caminho da manifestação do dinheiro. A senhora ainda dispôs de tempo necessário para comprar seus presentes de Natal.

Viver o momento presente é essencial.

"Viva plenamente o dia de hoje! Este é o cumprimento da aurora".

O ser humano deve estar sempre alerta e à expectativa para aproveitar todas as oportunidades. Certo dia, repeti sem parar (silenciosamente) as seguintes palavras: "Espírito Infinito, não permita que me falhe a sorte" e algo muito importante me foi revelado nessa mesma noite. É necessário começar o dia com palavras corretas.

Assim que despertar, faça uma afirmação. Por exemplo: "Que a Vossa vontade seja feita! Hoje é um dia de realizações, agradeço por este dia tão perfeito e aos milagres e fenômenos que poderão surgir.".

Torne isso um costume e perceberá os milagres e os fenômenos acontecendo em sua vida.

Numa bela manhã, abri um livro e li o seguinte: *"Observe com admiração quem estiver diante de ti."*. À primeira vista, aquilo me pareceu uma mensagem do dia a dia, mas repeti sem parar a mesma frase: "Observe com admiração quem estiver diante de ti.". Ao meio-dia em ponto, recebi de forma surpreendente uma importância em dinheiro que estava esperando para um objetivo que eu tinha.

Em outro capítulo, indicarei as afirmações que dão os melhores resultados. Entretanto, não devemos fazer uso qualquer de uma afirmação, a menos que estejamos plenamente conscientes de sua necessidade e que nos pareça absolutamente convincente. Muitas vezes uma afirmação é mudada para estar de acordo com a pessoa que solicita.

A afirmação a seguir já proporcionou alegria e êxito para muita gente.

"Tenho um trabalho maravilhoso, divinamente dado, sirvo o melhor que posso e estou sempre bem pago.".

Ofereci os dois primeiros versos a uma de minhas alunas e ela acrescentou os últimos dois.

Isso constitui uma afirmação muito poderosa porque todos os dias precisamos encontrar um pagamento perfeito para um serviço perfeito. Por outro lado, é fácil penetrar as frases no subconsciente. Minha aluna passou a cantarolá-las enquanto trabalhava e pouco tempo depois a afirmação transformou-se em realidade.

Outro de meus alunos, um homem de negócios, resolveu substituir a palavra "trabalho" por "negócio". Repetiu essa mesma afirmação e, no dia seguinte, encontrou e realizou um dos negócios mais brilhantes, mesmo estando há meses inativo.

Cada afirmação deve ser cuidadosamente feita e expressar tudo aquilo que seja necessário. Conheço uma pessoa que precisava encontrar um trabalho. Ela até encontrava muitos, mas nenhum pagava bem. Desde então, acrescentou em seus pensamentos:

"Faço o melhor que posso e por isso sou bem pago por isso.".

"A abundância é um direito divino do ser humano! Tenho direito à superabundância!".

"Seus bolsos estão cheios e a cozinha em fartura.". Aqui encontramos os desígnios de Deus para com o ser humano. É isso que faz quebrar as barreiras da miséria formadas pela própria consciência. A Idade de Ouro ou Idade Dourada brilhará para e cada um dos seus desejos legítimos será realizado.

A LEI DO KARMA E A LEI DO PERDÃO

O ser humano apenas recebe o que dá. O jogo da vida é um jogo de ida e volta. Tudo o que você pensa, suas atitudes e suas palavras se manifestam, mais cedo ou mais tarde, com uma precisão realmente assombrosa.

Aqui nos deparamos com a lei universal do karma, que significa "retorno". "Tudo aquilo que o ser humano planta, ele mesmo colhe".

Uma amiga me contou uma história que ilustra perfeitamente essa lei do karma: "Uma de minhas tias ajudou-me, sem perceber, livrando-me do meu karma pessoal. Eu estava muito irritada em casa e, certo dia, disse a ela para parar de falar na hora do jantar: 'Pare de falar, me deixe comer em paz.'. No dia seguinte, eu tomava café da manhã com uma senhora, para a qual queria causar boa impressão, até que ela me repreendeu: 'Pare de falar, me deixe comer em paz!'.

Minha amiga encontra-se em um nível avançado de consciência, portanto, seu karma age mais rápido do que uma pessoa que ainda atua sobre o plano mental.

Quanto mais sabemos, mais são as responsabilidades que nos vemos obrigados a assumir. Aquele que conhece a lei espiritual e não a pratica sofre muito com as consequências. "O medo do Senhor (a Lei) é o início da sabedoria". Quando entendemos que a palavra do Senhor significa "Lei", muitas passagens da Bíblia tornam-se mais claras.

"A vingança é minha e a mim retribui", disse o Senhor (a Lei). É a Lei que se vinga e não Deus. Deus enxerga o ser humano perfeito "criado à sua própria imagem" (imaginação) e dotado "pelos poderes do domínio".

Dessa forma, temos o ideal do ser humano, da mesma forma que se encontra registrado no entendimento divino, e que se espera o reconhecimento desse mesmo ser humano, uma vez que ele apenas faz o que se vê a si mesmo fazendo e conseguindo.

Um velho ditado diz: "Nunca nada acontece sem um espectador.". Observamos nossos êxitos ou fracassos, nossas alegrias ou riquezas, as cenas de nossa imaginação antes que se tornem visíveis. Observamos isso na mãe que imagina a doença do seu filho ou na mulher que enxerga o êxito do marido.

Jesus Cristo disse:

"Conhecereis a verdade e a verdade vos libertareis".

Assim, constatamos que a liberdade (que nos livra das condições infelizes) procede do conhecimento, o conhecimento da lei espiritual.

A obediência precede à autoridade e à lei obedece aquele que obedece à lei. A lei da eletricidade precisa ser respeitada antes de servir ao ser humano. Aquele que a emprega com ignorância, pode estar diante de um inimigo mortal. Essa é a lei do espírito.

Uma senhora que possui grande força de vontade desejava ser proprietária de uma casa pertencente a um dos seus familiares. Ela formava muitas imagens mentais e via a si mesma morando naquela casa. Depois de certo tempo, o proprietário morreu e ela herdou a casa.

Muitos anos depois, ao conhecer a lei espiritual, essa mulher me perguntou: "Você acredita que já tinha algo a ver com a morte daquele homem?". "Sim", eu lhe disse. "Seu desejo era tão forte que limpou tudo, mas você já pagou esse karma. Seu marido, que você amava muito, morreu logo depois e, assim, essa casa se transformou para você numa espécie de 'cavalo no meio do campo' durante muitos anos".

Entretanto, nem o primeiro proprietário da casa nem o marido sofreriam com o pensamento da mulher se estivessem firmemente enraizados na Verdade. O certo é que ambos estavam sob o efeito da lei karmica. Essa senhora, ao sentir que desejava muito aquela casa deveria ter dito: "Inteligência Infinita, dê-me a casa que me convém, que ela seja encantadora como esta, ou seja, a casa que é minha por direito divino".

A escolha divina lhe havia oferecido uma satisfação perfeita e contribuído para cada um seu próprio bem. O modelo divino é o único que pode ser trabalhado com a mais completa das seguranças.

O desejo é uma força formidável. Deve ser canalizado convenientemente, mas também pode ir de maneira imediata para o caos.

Para demonstrá-lo, o mais importante é o primeiro passo: "pedir corretamente". O ser humano nunca deve pedir mais do que lhe pertence por direito divino.

Voltando ao nosso exemplo anterior: se a senhora em questão tivesse o costume mental de dizer: "Se esta casa que tanto desejo for minha, não posso perdê-la, mas, se ela não me pertence, dê-me, Senhor, uma equivalente", talvez o proprietário tivesse mudado e assim encontrado uma solução harmoniosa (se isso fosse da escolha divina) ou então outra casa para substituir à primeira.

Tudo aquilo cuja manifestação se vê forçada pela vontade pessoal será sempre uma "má aquisição", portanto, conduzirá sempre ao fracasso.

O ser humano tem recebido esta afirmação: "Que a minha vontade seja feita e não a sua.". Outro fato bem curioso é que a pessoa sempre obtém aquilo que deseja quando renuncia sua vontade pessoal, permitindo assim que a sua inteligência pessoal possa atuar.

"Fique tranquilo e espere em silêncio a liberação do Senhor"
(a Lei).

Em outra ocasião, uma senhora me procurou cheia de angústia. Ela se sentia realmente muito assustada depois de saber que sua filha faria uma viagem que ela, a mãe, achava muito arriscada.

Conforme contou-me, havia utilizado todos os argumentos possíveis, enumerando os perigos que assumia ao empreender essa viagem, mas sua filha não quis lhe escutar e decidiu partir.

Eu disse a essa mãe: "A senhora impõe sua vontade pessoal à sua filha e isso não é seu direito. Além disso, seu medo só atrai mais medo a essa viagem, pois o ser humano atrai aquilo que mais teme.". E acrescentei: "Relaxe, retire sua influência mental e entregue às mãos de Deus.". Sirva-se desta afirmação: "Entrego esta situação nas mãos do Amor Infinito e Sagrado; se esta viagem está prevista pelo Plano Divino, eu abençoo e não me oponho mais, mas, se não estiver divinamente determinada, agradeço para que não aconteça.".

Um ou dois dias depois, sua filha lhe disse: "Mãe, não vou mais viajar." E a situação voltou à sua "posição original".

Aprender a manter a calma é algo que parece difícil ao ser humano. Voltarei a tratar mais detalhadamente dessa lei no capítulo dedicado a não resistência.

Agora darei outro exemplo da maneira que colhemos aquilo que plantamos.

Uma pessoa me disse que havia recebido no banco uma nota de dinheiro falsa. Ela se sentia bastante incomodada por isso: "O banco jamais reconhecerá seu erro.", lamentava-se. E eu lhe respondi: "Vamos analisar a situação e procurar entender o motivo que atraiu essa nota falsa para você.". Ela refletiu um momento e disse: "Já sei, outro dia enviei uma moeda falsa a um amigo para brincar com ele.". Por isso, a lei da vida também lhe enviou uma nota falsa, pois a lei não entende as brincadeiras.

Então, disse-lhe: "Devemos apelar à lei do perdão e neutralizar essa situação".

O Cristianismo tem fundamento na lei do perdão. Cristo nos salvou da lei karmica, Ele está em cada ser humano, age como seu próprio Redentor e Salvador em toda situação discordante.

Sendo assim, disse-lhe: "Espírito Infinito, nós fazemos uma chamada à lei do perdão e agradecemos por aquela (a senhora) que está sob a proteção divina e não sob o peso da lei; não se pode perder o dinheiro que lhe pertence por direito divino.".

Acrescentei: "Agora, vá ao banco e diga sem medo que, por algum engano, um funcionário lhe repassou uma nota falsa.". A mulher obedeceu e, diante de uma enorme surpresa, o pessoal do banco pediu desculpas e trocaram sua nota com muita cortesia.

Assim, o conhecimento da lei dá ao ser humano o poder de desfazer seus erros. Uma pessoa não pode forçar o ambiente exterior a ser o que nem ela mesmo é.

Se desejar riqueza, deve estar cheio de riquezas em sua consciência.

Certo dia, uma senhora procurou minha ajuda para um tratamento de prosperidade. Ela se interessava bem pouco pelo seu interior, que por sinal estava em considerável desordem.

Eu lhe disse: "Se a senhora quer ser rica, é necessário, em primeiro lugar, organizar a si mesma. Todos aqueles que possuem grandes fortunas são organizados, a ordem é a primeira lei do universo.". Depois, acrescentei: "Enquanto não reinar a ordem, a riqueza fugirá da senhora.".

Imediatamente, essa mulher começou a arrumar sua casa, dispôs os móveis de maneira diferente, organizou gavetas, limpou os tapetes. Dessa maneira, não demorou muito e recebeu uma importante retribuição monetária em forma de um presente que recebeu de um familiar. Com isso, modificou e dirigiu seus negócios financeiros vigiando seu entorno; a partir daquele momento, tudo se dirigiu rumo à prosperidade, sabendo que Deus estava à sua frente.

Muitas pessoas ignoram o fato de que a ação de dar significa investir. Acumular ou economizar em excesso leva, muitas vezes, a experimentar perdas.

"Aquele que dá de livre e espontânea vontade será mais rico do que aquele que economiza em excesso, pois este último não faz mais do que se empobrecer".

Segue a história de um senhor que desejava comprar um casaco de pele. Acompanhado de sua esposa, dedicou-se a visitar milhares de lojas, mas não conseguia encontrar o que procurava. Todos os casacos que lhe foram mostrados pareciam de aspecto medíocre. Finalmente, encontrou um que valia mil dólares, mas o dono da loja autorizou uma redução de preço para quinhentos dólares, por causa da temporada de frio já estar indo embora. O homem tinha aproximadamente setecentos dólares. A razão lhe aconselhava: "Não deve gastar quase todo o dinheiro que tem para comprar um casaco.". Mas o homem, que era muito intuitivo, não estava raciocinando mais, olhou para sua mulher e disse: "Vou comprar este casaco, farei um grande negócio!". A esposa consentiu, embora sem grande entusiasmo.

Aproximadamente um mês depois, o homem recebeu um pedido no valor de dez mil dólares. O casaco lhe mostrou a consciência da prosperidade que havia atraído; sem o casaco não conseguiria realizar esse importante negócio. Foi um investimento que lhe proporcionou obter uma boa renda.

Se o homem não tivesse escutado suas intuições, que o induziram a comprar o casaco, essa mesma quantia seria gasta de outra maneira, sem obter benefício algum ou seria investida de maneira inadequada.

Uma senhora me contou que no Dia de Ação de Graças havia informado à sua família que ofereceria o jantar tradicional. Ela tinha o dinheiro necessário, mas decidiu economizar. Alguns dias depois, um ladrão entrou em sua casa e roubou o montante exato do jantar que havia planejado.

A lei protege sempre aquele que gasta sem medo e com sabedoria.

Ocorreu certa vez que uma de minhas alunas foi fazer compras acompanhada de sua pequena sobrinha. A menina queria um brinquedo, mas sua tia lhe disse que não poderia comprar naquele momento.

De repente, ela percebeu que estava cedendo à ideia de pobreza no lugar de remeter-se a Deus e à sua providência.

Dessa maneira, comprou o brinquedo e, quando regressou para sua casa, encontrou na rua o valor exato que havia pago pouco antes.

Nossos recursos são infinitos e infalíveis quando nossa confiança é absoluta, mas a confiança e a fé devem preceder à demonstração: "Que seja feito segundo sua fé"; "A fé é a sustentação daquilo que esperamos e a evidência do que não vemos". Uma vez que a fé mantém a visão estável, as imagens adversas são dissipadas e no momento certo poderemos colher se não vacilarmos.

Jesus Cristo nos ofereceu a boa nova (o Evangelho) que nos ensina uma lei mais elevada que a lei do karma: é a lei da graça, do perdão. Essa lei livra o ser humano da lei da causa e efeito, da lei das consequências: "Pelo perdão e não pela lei".

Costuma-se dizer que colhemos aquilo que plantamos; os dons de Deus se derramam sem parar sobre nós: "Tudo aquilo que possui o reino se encontra nele mesmo". Este estado de benção continua à espera daquele que conseguiu superar o entendimento e o pensamento mortal.

As adversidades existem diante da compreensão mortal, mas Jesus Cristo disse: "Coragem! Eu venci o mundo".

O pensamento carnal corresponde ao pensamento do pecado, da doença e da morte. Jesus compreendeu sua irrealidade absoluta e afirmou que a doença e a tristeza passarão e até sua própria morte e seu último inimigo serão vencidos.

Hoje, do ponto de vista científico, sabemos que a morte pode ser vencida ao imprimir no subconsciente a convicção da juventude e da vida eterna. O subconsciente é a força sem direção, executa sem discutir as ordens que recebe.

Ao trabalhar sob a direção do superconsciente (Cristo ou Deus sob o ser humano) se alcançará a "ressurreição do corpo".

O ser humano não recusará seu corpo à morte, mas transformará em um "corpo elétrico", como cantou o poeta Walt Whitman, pois o Cristianismo está fundamentado sobre o perdão dos pecados e "um sepulcro vazio".

ENTREGAR A CARGA
(IMPRESSIONAR O SUBCONSCIENTE)

Quando o ser humano chega a conhecer seu próprio poder e o processo de sua mente, seu maior desejo consiste em encontrar o meio mais fácil e rápido de impressionar seu subconsciente por meio da ideia do bem, já que um conhecimento intelectual da verdade não dá resultados.

Em minha opinião, penso que o meio mais fácil é "entregar a carga".

Um metafísico explicava o seguinte sobre esse tema:

"O que dá peso à natureza, seja o que for, é a lei da gravidade. Se pudéssemos transportar uma grande massa rochosa a uma altura suficiente, além do planeta, poderia deixar de ter peso".

Isso era exatamente o que Jesus Cristo entendia quando dizia: "Meu jugo é suave e o meu fardo é leve".

Havia superado a vibração do mundo e movia-se para a quarta dimensão, onde tudo é perfeição, realização, vida e alegria.

Ele disse: "Vinde a mim, todos os que estão cansados e oprimidos e eu vos aliviarei.", e acrescentou: "Tomai sobre vós o meu jugo, pois meu jugo é suave e o meu fardo é leve.".

Lemos, dessa forma, no Salmo 55: "Que recaia o peso sobre o Senhor.". Inúmeras passagens da Bíblia proclamam que a batalha é "a batalha de Deus" e que de modo algum é a do ser humano. Este deverá "manter-se sempre tranquilo e esperar o livramento do Senhor.".

Isso indica, com toda clareza, que é o superconsciente (Cristo em nós) que nos livra da batalha, para que nos vejamos aliviados das cargas.

Assim, vimos que isso viola a lei levando sua carga, pois essa carga não é mais do que um pensamento ou um estado adverso; esse estado encontra suas verdadeiras raízes no subconsciente.

Parece quase impossível dirigir o subconsciente através da consciência, ou seja, através da razão, uma vez que a razão (o intelecto) se vê muito limitada por suas concepções e está repleta de dúvidas e medos.

A atitude científica consiste em colocar a carga sobre o superconsciente (Cristo em nós) onde "se torna leve" ou então termina por se desvanecer para regressar ao "seu nada inicial".

Uma pessoa que tinha uma urgente necessidade de dinheiro fez esta afirmação: "Entrego esta carga ao Cristo que está em mim e, dessa maneira, vou ao encontro da riqueza.".

Sua carga era um estado de medo e pobreza. Ele a entrega a Cristo (o superconsciente) e inunda o subconsciente de fé e riqueza. Isso tem como resultado uma grande prosperidade.

Lemos nas escrituras sagradas: "Cristo nos enche com a esperança da glória.".

Pois bem, preste atenção nesta história: certa vez, uma pessoa ofereceu um piano a uma de minhas alunas. Ela não tinha nenhum lugar apropriado para instalá-lo em seu escritório, a menos que tirasse o seu velho piano que já possuía. Ela se sentiu totalmente desconcertada diante daquela situação, já que, por um lado, desejava conservar o velho piano a que tinha se apegado com tanto carinho, mas, por outro, não queria recusar o novo piano. Estava realmente muito agitada, pois o piano novo lhe seria entregue quase que imediatamente. Então, repetiu para si mesma: "Entrego esta carga ao Cristo que está em mim e Ele me dará um espaço livre.".

Apenas algumas horas mais tarde, um amigo ligou e lhe perguntou se queria alugar seu piano antigo. Assim, ela enviou seu piano um pouco antes de chegar o piano novo.

Em certa ocasião, conheci uma senhora que tinha como carga um ressentimento. Essa mulher disse: "Entrego esta carga ao Cristo que está em mim e sigo meu caminho repleto de amor, prazer e felicidade.". O todo poderoso superconsciente inundou seu subconsciente de amor e, a partir de então, toda sua vida transformou-se completamente.

Durante anos, esse ressentimento a manteve num estado de angústia que lhe aprisionou a alma (o subconsciente).

Essas afirmações devem ser repetidas continuamente, durante horas, seja silenciosamente ou em voz alta, com tranquilidade e determinação. Eu comparo com o ato de imprimir uma placa fotográfica. Devemos "imprimir" a palavra da verdade.

Percebi que, depois de certo tempo de "entrega da carga", nossa visão torna-se mais esclarecida. É impossível ter uma visão clara onde só se debatem as angústias do entendimento carnal.

As dúvidas e o medo não fazem mais do que envenenar o espírito e o corpo, sendo assim, a imaginação se solta provocando o desastre e as doenças.

Graças à repetição constante da afirmação: "Entrego esta carga ao Cristo que está em mim e avanço livremente.", a visão se transforma e, ao mesmo tempo, surge um sentimento de alívio que, mais cedo ou mais tarde, servirá para gerar a manifestação do bem, que é a saúde, a felicidade e a prosperidade.

Certo dia, uma de minhas alunas me perguntou o porquê de "a escuridão ser mais intensa justamente antes do amanhecer.". Em um capítulo anterior, já havia demonstrado uma situação em que "tudo parecia mal", deixando a consciência escurecida por um estado de depressão.

Isso significa que as dúvidas e os medos ancestrais despertam do fundo do subconsciente e assim convém exterminá-los.

É aí que o ser humano faz soar com força seus címbalos, como Josué, que agradeceu por ter sido salvo, inclusive no caso de parecer estar rodeado de inimigos (a miséria ou a doença). Minha aluna me perguntou ainda: "Quanto tempo ficaremos na escuridão?". Eu lhe respondi: "Até que se possa ver na escuridão, ou então até que se entregue a carga que levamos.".

Para impressionar o subconsciente é essencial ter uma fé ativa.

"A fé, sem obras, está morta.". Isso é o que me esforço para demonstrar nesses capítulos que acabo de escrever.

Jesus Cristo deu uma prova de fé ativa. Apesar de estar diante de uma multidão, num lugar deserto – o que tornava impossível comprar pães e peixes – e já sendo tarde para dispensar a multidão com fome, Jesus agradeceu quando recebeu os parcos pães e peixes.

Vou dar outro bom exemplo para demonstrar a necessidade dessa fé. Na verdade, a fé ativa é uma ponte sobre a qual o ser humano passa para ter acesso à sua terra prometida.

Em razão de um mal-entendido, uma mulher separou-se do marido que amava muito. Ele recusou qualquer tipo de tentativa de reconciliação com a mulher e negou-se a falar com ela.

Ao conhecer a lei espiritual, essa mulher negou a aparência dessa separação e afirmou: "Não há um ponto de separação para o Entendimento Divino, consequentemente, não estou separada do amor e da companhia de quem me pertence por direito divino.".

Todos os dias, colocava os talheres do marido sobre a mesa, como demonstração irrevogável de sua fé ativa e imprimindo sobre o subconsciente a imagem do seu retorno.

Mais de um ano se passou e ela continuava sem mudar de atitude, até que um belo dia o marido regressou.

O subconsciente está continuamente impressionado pela música, uma vez que a música pertence à quarta dimensão, livra a alma, torna possíveis os milagres e facilita sua realização.

Uma amiga liga todos os dias seu aparelho de som com esse fim. Dessa forma, ela entra em um estado de perfeita harmonia e libera sua imaginação.

Outra pessoa que conheço costuma dançar ao mesmo tempo que faz suas afirmações. O ritmo e a harmonia da música e do movimento dão uma força extrema a suas palavras. Também é conveniente que o estudante se lembre de não desprezar os pequenos acontecimentos cotidianos. Constantemente, antes de qualquer demonstração, os "sinais da terra" se manifestam.

Antes de chegar às Américas, Cristóvão Colombo observou pássaros que levavam um pequeno galho em seu bico, um evidente sinal de que havia terra muito próxima. Pois bem, o mesmo acontece quando há uma demonstração, o que ocorre com frequência é o estudante equivocar-se e levar os sinais como uma simples demonstração e assim decepcionar-se com o fato.

Por exemplo, uma senhora havia "pronunciado a palavra" pedindo uma louça. Pouco tempo depois, uma amiga lhe deu um prato bastante velho e desgastado. A senhora veio me procurar e lamentou-se: "Eu pedi uma louça e recebi apenas um prato velho". Eu lhe disse: "Esse prato não é mais do que um sinal da terra, de que sua louça está a caminho. Considere como a história dos pássaros e os galhinhos, de Cristóvão Colombo.".

E, de fato, pouco tempo depois, a senhora recebeu a louça desejada.

"Fazer ver", de maneira contínua, impressiona o nosso subconsciente. Se acharmos que somos ricos, se acreditarmos viver em pleno êxito e acreditar no tempo requerido, com certeza, colheremos os frutos.

Na maioria das vezes, as crianças fingem "ser", pois escutam o seguinte "Se não se tornar uma criança boa não entrará no reino dos céus.".

Conheci, em certa ocasião, uma mulher jovem, que era pobre, mas não aparentava. Ela ganhava a vida trabalhando na casa de uns amigos ricos e, por isso, cobrava um salário bem modesto. Esses amigos sempre reclamavam das contas altas que tinham que pagar e a aconselhavam a economizar. Mas esses mesmos amigos não se preocupavam em economizar e gastavam todo seu dinheiro em compras, ora num chapéu, ora num presente e assim por diante. Desse modo, ela mergulhava no seu próprio mundo de encanto, seus pensamentos estavam sempre fixos em lindas peças de roupas e objetos valiosos, mas nunca com inveja dos outros.

Ela vivia em um mundo maravilhoso e solitário, em que as riquezas pareciam reais. Não demorou muito e ela se casou com um homem muito rico e próspero, assim, tudo aquilo que havia sonhado terminou por materializar-se. Não sei se o marido foi escolhido pela seleção divina, mas o certo é que a riqueza se manifestou fortemente em sua vida como resultado da sua própria imaginação, que apenas focava na riqueza.

Não há paz nem felicidade para o ser humano que não afasta o medo do seu subconsciente. O medo é a energia mal dirigida que deve mudar e se transformar em fé.

Jesus Cristo disse: *"Por que tens medo, homem de pouca fé?"*; *"Tudo é possível para aquele que crê."*.

Uma vez, outra aluna me perguntou: *"Como posso me livrar do medo?"*.

Eu lhe respondi: *"Enfrentando o que lhe assusta"*.

"A ferocidade do leão está baseada no seu medo". Enfrente o leão e ele desaparecerá, mas, se tentar escapar, ele lhe seguirá.

Já ensinei nos capítulos anteriores como "o leão" da pobreza desaparece quando o indivíduo gasta sem medo algum, provando, assim, que Deus é sua riqueza e essa abundância era, portanto, infalível.

Vários dos meus alunos se libertaram das garras da pobreza e agora vivem na opulência, graças à perda do medo de gastar. O subconsciente fica impressionado com essa verdade de Deus que, por sua vez, é uma dádiva. Dessa forma, o doador se une a Deus, que quer dizer que estamos unidos por uma dádiva. Segue uma magnífica afirmação: "Agradeço a Deus pela dádiva.".

Em razão de seus pensamentos de separação e miséria, o ser humano esteve durante muito tempo separado do bem e de seus verdadeiros recursos, até o ponto de destruir essas falsas ideias do subconsciente e apresentar-se como vencedor diante da importante ocasião.

Em todos os exemplos anteriores, vimos que o indivíduo se liberta por meio da destruição do medo.

"Tudo aquilo que você escolhe hoje será aquilo que lhe servirá", seja pelo medo ou por sua fé.

Talvez seu medo seja despertado pela personalidade de outras pessoas. Nesse caso, não evite aqueles que você teme, vá ao encontro deles tranquilamente e verá como esse medo desaparecerá do seu caminho e essas pessoas se tornarão elementos de ouro na cadeia no bem.

Você pode temer doenças e suas respectivas bactérias. Por isso, aprenda a ser insensível aos riscos de contágio e se sentirá plenamente imunizado.

Na verdade, ninguém pode ser contaminado, ao menos que sua vibração esteja no mesmo plano que as bactérias e o medo. Isso rebaixa o ser humano ao mesmo nível.

Entretanto, é importante compreender que as bactérias que transmitem as doenças são produzidas pelo entendimento mortal, pois todo pensamento toma forma de algo. As bactérias não existem no superconsciente, ou seja, no entendimento divino; elas são produto de uma imaginação vaga do ser humano.

"Num simples piscar de olhos" surge a libertação do ser humano, assim é possível perceber que o mal se vê privado dos seus poderes.

O mundo material desaparece na quarta dimensão e o "mundo das maravilhas" aparece em seguida.

"Eu vi um novo céu e uma nova terra, não haverá mais morte nem tristeza, nem lágrimas ou dores, pois tudo o que é velho passará.".

O AMOR

Todas as pessoas deste planeta iniciam suas vidas através do amor. "Eis, um novo mandamento, amais uns aos outros".

Ouspensky disse em *Tertium Organum* que o amor é um fenômeno cósmico que abre o ser humano à quarta dimensão, este que é "o mundo das maravilhas".

O verdadeiro amor é desinteressado e está isento de todo medo. Ele se derrama sobre o objeto de seu afeto sem pedir nada em troca. Sua alegria está simplesmente na alegria de se dar. O amor está presente em Deus, que se manifesta por meio da força magnética do Universo. Um amor puro e isento de todo egoísmo atrai para si aquilo que lhe pertence, sem buscar ou pedir nada.

Na verdade, ninguém sabe direito o que é o verdadeiro amor. O ser humano é egoísta, tirânico e temeroso em seus afetos, por isso perde a quem ama por causa de suas atitudes.

O ciúme é o pior inimigo do amor, uma vez que a imaginação vai além, empurra o ser amado para outra pessoa e é justamente essa espécie de medo que desvia a realidade, quando não consegue ser devidamente neutralizada.

Uma jovem senhora, profundamente aflita, veio me procurar e disse que o homem que tanto amava havia lhe abandonado por outra mulher, dizendo que nunca teve a intenção de casar-se com ela. Sentia-se ofendida por causa daquele ciúme e ressentimento. Disse-me também que desejava que ele sofresse o mesmo que ela estava sofrendo e acrescentou: "Como ele pôde deixar quem tanto o amava?".

Eu lhe respondi: "Você não o amava. Na realidade, você o odiava". E acrescentei: "Jamais poderá receber se antes não tiver dado, dê amor perfeito e receberá um amor perfeito. Aproveite esta ocasião para melhorar, ofereça um amor perfeito, sem egoísmos, sem pedir nada em troca; não critique nem ordene nada e abençoe o amado onde quer que ele esteja.".

Ela respondeu: "Não, eu não o abençoo, ao menos que eu saiba onde ele está.".

Então, eu lhe disse: "Bem, isso significa que este não é um amor verdadeiro. Quando aprender o que é realmente o amor, este mesmo amor verdadeiro será entregue a esse homem ou a outro que será seu equivalente, pois é possível que este homem não seja da escolha divina e você não o vai querer mais. Assim como você é única para Deus, é único o amor que lhe pertence por direito divino.". Os meses passaram e as coisas permaneciam como estavam. Enquanto isso, minha amiga trabalhava cuidadosamente sua cabeça. Então, eu lhe disse: "Quando deixar a crueldade que tem de lado, ele também deixará de ser cruel, pois você atrai suas próprias emoções.".

Em seguida, contei para ela sobre a Fraternidade da Índia, onde seus membros não dizem jamais "bom dia", e sim: "Eu cumprimento a divindade que está em você.". Eles cumprimentam a divindade existente em todo ser humano, assim como a dos animais da selva, que jamais poderão lhe causar algum dano, uma vez que os membros dessa fraternidade acreditam que Deus está presente em todo ser vivo.

Logo acrescentei: "Cumprimente a divindade que há neste homem e repita comigo: só vejo seu ser divino, o vejo da mesma forma que vejo Deus, perfeito, feito à Sua imagem e semelhança.".

Minha amiga comentou mais tarde que havia encontrado um novo equilíbrio e assim pôde livrar-se do seu ressentimento. O homem que ela tanto amava era um capitão e ela sempre o chamava de Cap. Um dia ela me procurou e disse em voz alta: "Que Deus abençoe o Cap onde quer que ele esteja.".

"Aí está o verdadeiro amor!", respondi apressadamente. "Isto formará um círculo perfeito e, assim, aquela situação anterior não voltará a se repetir. Finalmente você terá seu amor de volta ou atrairá um equivalente.".

Durante essa época, tive que mudar de apartamento e fiquei um tempo sem telefone. Por isso não tive notícias de minha amiga durante algumas semanas. Mas, numa certa manhã, recebi uma carta que me dizia: "Estamos casados!".

Rapidamente fui visitá-la e minhas primeiras palavras foram: "Como ele voltou?".

Ela me explicou: "Oh! Pareceu um verdadeiro milagre! Num belo dia, eu estava com a sensação de que toda aquela dor que eu tinha havia ido embora. Nessa mesma noite, eu o encontrei por acaso e ele me pediu em casamento. Casamos uns oito dias depois e confesso que nunca pude ver um homem tão apaixonado.".

O velho ditado diz: "Nenhum homem é seu inimigo, nenhum homem é seu amigo, todos os homens são seus próprios mestres".

É necessário ser impessoal e aprender o que cada um tem para nos ensinar. Resumindo: quando aprendermos a lição, seremos livres.

Esse homem ensinou à minha amiga que o amor desinteressado de cada pessoa, mais cedo ou mais tarde, será correspondido. O sofrimento não é necessário para o desenvolvimento da violação da lei espiritual. São poucas as pessoas capazes de acordar para o "sonho da alma" sem sofrimento. Quando as pessoas se sentem felizes, costumam ser egoístas e, automaticamente, a lei do karma entra em ação. O ser humano sofre, em seguida, as perdas porque lhe falta a capacidade para a autocrítica.

Uma de minhas conhecidas tinha um marido encantador, mesmo assim ela dizia continuamente: "Não me agrada o casamento, não tenho nada contra o meu marido, mas a vida conjugal não me interessa para nada.".

Essa pessoa se interessava por muitas outras coisas. Apenas se lembrava de que tinha um marido quando o via. Certo dia, ele comunicou que havia se apaixonado por outra mulher e decidiu deixá-la. Ela me procurou imediatamente, desolada e cheia de amargura.

"Essa situação é justamente o resultado de como você pronunciava as palavras", afirmei. "Você dizia claramente que não apreciava a vida conjugal, consequentemente seu subconsciente trabalhou para libertá-la.".

"Sim", admitiu ela. "Agora compreendo. Primeiro a gente consegue o que quer, mas depois acaba se queixando.".

Não demorou a aceitar essa situação e compreender que tanto ela como seu marido eram mais felizes estando separados.

Quando uma mulher se torna indiferente ou critica o marido, significa que ela deixa de inspirá-lo, consequentemente ele se sente infeliz e desamparado, diferentemente do início da união repleta de alegria.

Um homem deprimido, infeliz e pobre veio me consultar. Sua mulher interessava-se por numerologia e estudava muito sobre o assunto. Pelo visto, o resultado desse estudo não era tão favorável, pois ele comentou: "Minha mulher me disse que eu nunca chegarei a nenhum lugar porque sou um dois.". Eu lhe respondi:

"Seu número é completamente indiferente para mim. Você é um ideal perfeito do entendimento divino. Vamos pedir o êxito e a prosperidade que lhe foram preparados pela Inteligência Infinita.".

Depois de algumas semanas, o homem estava em uma situação excelente e, em um ou dois, atingiu o êxito como um homem das letras.

Todas as pessoas podem ter sucesso nos negócios, é só amar o seu trabalho. A tela que um artista pinta por amor à arte é a mais bela das artes. É necessário desaconselhar aquele tipo de pessoa que só serve para fazer o mesmo trabalho.

Nenhum ser humano pode atrair dinheiro se o despreza. Muitos daqueles que se mantêm na pobreza declaram: "O dinheiro não me interessa e não tenho consideração nenhuma por aqueles que o têm.".

Essa é a explicação do porquê muitos artistas são pobres, pois menosprezam o dinheiro e, assim, o dinheiro se afasta do seu caminho.

Lembro-me de um artista que me disse o seguinte sobre seu colega: "Este é um artista sem valor, pois tem uma volumosa conta no banco.".

Essa atitude mental separa o ser humano de suas riquezas. Para atrair algo para si, seja o que for, é necessário estar em harmonia consigo mesmo.

O dinheiro é uma manifestação de Deus, que nos livra das necessidades e das restrições, mas que deve ser mantida em circulação e utilizada para bons fins. Acumular e economizar trazem consequências fortemente desagradáveis.

Isso não significa, entretanto, que as pessoas não devem possuir imóveis, terras, ações e obrigações, pois "as granjas dos justos estão sempre cheias". Mesmo assim, não devemos ser poupadores se nos ocorre uma situação para gastar ou se o dinheiro for necessário para algo. Quando damos livre curso ao dinheiro que temos, quando fazemos algo alegremente e sem medo, as portas se abrem ainda mais, pois Deus é a nossa maior e inesgotável riqueza.

Essa é a atitude espiritual que devemos ter em relação ao dinheiro e ao grande Banco do Universo. Não falha jamais!

Um filme intitulado *Greed* (*Aves de Rapina*), oferece-nos um bom exemplo de avareza. A heroína da história ganhou 5 mil dólares em uma loteria, mas não queria gastar o dinheiro. Amontoou e abarrotou, deixando seu marido sofrer e morrer de fome, pois se viu obrigado a buscar comida no lixo para sobreviver.

Amar o dinheiro por si só coloca uma pessoa abaixo de todas. Uma noite, ela foi assassinada e lhe roubaram todo seu dinheiro.

Encontramos aqui um bom exemplo de que "o amor pelo dinheiro é a base de todos os males". O dinheiro por si só é bom e benéfico, mas quando utilizado com finalidades destrutivas, quando se acumula e enriquece, ou quando é considerado mais importante que o amor, ele se torna uma verdadeira causa de doenças, tristeza e, por fim, da perda do próprio dinheiro.

Por isso, sigamos o caminho do amor e todas as coisas nos serão dadas em acréscimo, pois Deus é Amor e nossa verdadeira riqueza; em compensação, se seguirmos o caminho do egoísmo e da avareza, a riqueza desaparecerá ou nos afastará dela.

Conheço o caso de uma mulher muito rica que guardava toda a renda que obtinha. Raras vezes fez qualquer tipo de doação, mas, em compensação, comprava sem parar objetos de todo tipo.

Ela se sentia particularmente atraída por colares. Uma de suas amigas lhe perguntou quantos tinha. "Sessenta e sete", respondeu. Ela comprava e guardava em qualquer lugar, mais especificamente em um papel de seda. Isso teria sentido se houvesse polido, mas não era assim que acontecia, ela violava a lei da circulação, seus armários estavam cheios de roupa que nunca usava.

Os braços dessa pessoa foram paralisando progressivamente porque ela se apegava avidamente a todos os objetos. Depois de um tempo, ela mesma se achou incapaz de gerenciar sua própria fortuna e assim lhe foi retirada.

Esse é um exemplo de como surge uma perda por ignorância da lei.

Toda doença e toda tristeza provêm da violação da lei do amor. Os bumerangues do ódio, do rancor e da crítica se voltam contra nós cheios de doenças e dor. O amor é como uma arte perdida, mas aquele que conhece a lei espiritual sabe que deve reconquistá-la, pois sem amor, o mesmo é apenas "um címbalo que toca".

Uma aluna, por exemplo, trabalhou comigo, durante muitos meses, para livrar seu consciente do rancor. Chegou até ao ponto de odiar mais de uma pessoa. Livrá-la disso era algo difícil de conseguir. Entretanto, pouco a pouco, ela foi encontrando o equilíbrio e a harmonia que necessitava e, num belo dia, desapareceram todos os seus ressentimentos.

Naquele dia, ela chegou radiante em minha casa e exclamou: "Você não pode imaginar o que aconteceu comigo! A pessoa que eu tanto odiava me disse algo muito desagradável e, em vez de me deixar arrastar pela fúria, mostrei-me gentil e cheia de amor, então ela se desculpou e foi absolutamente encantadora comigo. Ninguém pode imaginar o bem que isso me fez e como me sinto agora.".

O amor e a boa vontade são inestimáveis nos assuntos humanos.

Uma mulher veio desabafar comigo sobre sua chefe que, segundo ela, era muito crítica e sem amor algum.

"Pois bem, então cumprimente a divindade que há nela e envie pensamentos de amor", aconselhei-a.

Ela me respondeu: "Impossível, é uma mulher de mármore.".

"Você se lembra da história do escultor que reclamou sobre certo bloco de mármore?", perguntei. "Quando perguntaram por que ele queria aquele bloco, ele respondeu: 'porque há um anjo dentro desse mármore', e assim conseguiu criar uma maravilhosa obra de arte.".

"Então eu tentarei", disse minha visitante. Uma semana mais tarde, ela voltou a me procurar: "Fiz o que você me aconselhou e pude comprovar que essa senhora está mais dócil comigo, ela até me deu carona em seu carro.".

Certas pessoas vivem cheias de remorso por um dia terem feito mal a alguém, às vezes, durante muitos anos. Se esse mal não pode ser reparado, seu efeito pode ser neutralizado fazendo o bem a qualquer outra pessoa no presente. "Isso é o que faço: esquecer o que já passou e dirigir-me para frente". A tristeza, o remorso e as lágrimas destroem as células do corpo e envenenam a atmosfera do indivíduo.

Num belo dia, uma senhora que passava por uma grande tristeza pediu-me o seguinte: "Você pode me tratar para que eu possa viver feliz e contente? Minha tristeza faz com que eu aborreça meus familiares e receba ainda mais os golpes do karma.". Dessa maneira, pediu-me tratamento, como uma mãe que chora por sua filha. Eu neguei todas as crenças de perdas e separações e afirmei que Deus era a alegria dessa mulher, assim como seu amor e sua paz.

Ela recuperou imediatamente seu equilíbrio e, depois de um tempo, seu próprio filho veio me dizer que ela havia parado o tratamento, pois estava "tão feliz que não era decente". Assim, vimos, mais uma vez, como o entendimento mortal adquire suas próprias dores e lamentações.

Em outra ocasião, uma pessoa pertencente a minha família fazia alarde, sem parar, das tristezas que a aborreciam até o ponto de ter sempre algo do que se queixar. Antigamente, se uma mulher não cuidava e assumia seus filhos, significava que não era uma boa mãe. Hoje, sabemos bem, que a principal preocupação das mães é mais precisamente ser a responsável pelas doenças e acidentes dos seus filhos.

Na verdade, o medo imagina fortemente a doença ou a situação temida, assim, quando essas imagens não são neutralizadas devidamente, elas acabam por se materializar.

Abençoada a mãe que pode dizer sinceramente que entrega seu filho às mãos de Deus, sabendo que, consequentemente, ele estará protegido. Assim ela projeta uma espécie de força protetora sobre seu filho.

Uma mulher acordou subitamente em plena noite pressentindo que seu irmão se encontrava em perigo. No lugar de ceder ao medo, ela afirmou a Verdade e disse para si mesma: *"O homem é um ideal perfeito de entendimento divino e está sempre em seu devido lugar, portanto meu irmão está em seu verdadeiro lugar, divinamente protegido."*. No dia seguinte, impressionado, ela soube que seu irmão havia estado próximo a uma mina que explodiu, mas que, de maneira milagrosa e surpreendente, escapara do perigo.

É dessa maneira que podemos agir como guardiões de nossos irmãos (por meio dos pensamentos) e cada um deve saber que o objeto de seu amor "reside nas alturas e repousa na sombra do todo poderoso".

8

INTUIÇÃO, DIREÇÃO

Reconhece-o em todos os teus caminhos, e Ele endireitará as tuas veredas.

Nada é impossível para aquele que conhece a força de sua palavra e segue as diretrizes de suas intuições. Pela palavra faz entrar em ação as forças invisíveis e pode restaurar seu corpo e transformar seus negócios.

Portanto, é muito importante escolher as palavras adequadas e as afirmações que se projetará no invisível.

Aquele que se dedica ao estudo da lei espiritual sabe que Deus é sua riqueza, que a abundância divina responde a todas as demandas e que a palavra lhe permite surgir.

"Pedi e recebereis."

O ser humano deve dar o primeiro passo.

"Aproxima-te de Deus e Ele se aproximará de ti".

Quando uma pessoa me pergunta o que deve fazer para que aconteça uma demonstração, eu respondo:

"Pronuncie a palavra e não faça nada até que tenha uma diretriz precisa.".

Peça uma indicação e diga: "Espírito Infinito, guia os meus passos e me faça saber se há algo que eu possa fazer.".

A resposta virá por intuição, por meio de alguém ou, quem sabe, pelas páginas de um livro que se lê, entre outras possibilidades. Às vezes, as respostas são surpreendentes em relação à sua exatidão. Por exemplo, uma senhora que desejava um grande valor em dinheiro pronunciou as seguintes palavras: "Espírito Infinito, abra os meus caminhos e me traga a abundância, que tudo o que é meu por direito divino venha imediatamente em fartura.". Em seguida, acrescentou: "Dê-me uma indicação precisa, faça com que eu saiba o que realmente devo fazer.". Logo depois, surgiu-lhe uma ideia: "Dê a uma amiga (que já lhe ajudou espiritualmente) cem dólares.". Ao mesmo tempo havia outra ideia que lhe dizia: "Espere outra indicação antes de fazer a doação.". Sendo assim, ela esperou e, nesse mesmo dia, encontrou uma conhecida que durante o curso da conversa lhe contou: "Hoje dei um dólar para uma pessoa, para mim isso vale o mesmo que ter dado cem dólares.".

Essa era uma boa indicação. Agora a mulher estava segura que deveria dar os cem dólares para a amiga. Essa doação lhe trouxe um ótimo emprego e, pouco tempo depois, de maneira surpreendente e extraordinária, recebeu uma grande quantia em dinheiro.

Dar é o que faz abrir as portas para receber. Para criar verdadeira atitude com os assuntos financeiros, deve-se dar. O dízimo, ou seja, a oferenda de dez por cento da receita é um velho costume judaico que jamais os deixou na mão. São muitos, entre os mais ricos, que têm o costume de oferecer o dízimo. Não conheço nenhum melhor investimento que esse.

Recuperamos esses dez por cento de forma abençoada e multiplicada. Mas a doação deve ser feita com amor e carinho, pois "Deus ama quem dá com alegria". As faturas devem ser pagas voluntariamente, todo dinheiro deve ser entregue sem medo e assim virá acompanhado de bênçãos.

Essa atitude de espírito torna o ser humano dono do dinheiro, tornando-se seu servidor e a palavra pronunciada abre as portas da riqueza.

É o próprio ser humano que, em razão de sua visão limitada, restringe sua abundância.

Às vezes, um estudante consegue uma grande oferta de trabalho e a possibilidade de enriquecer e tem medo de atuar. A visão e a ação devem caminhar juntas, como no caso do senhor que desejava comprar um casaco de pele.

Uma pessoa veio me consultar e pediu que "pronunciasse uma palavra" em favor de determinada situação. Eu disse: "Espírito Infinito, abra o caminho para a situação que melhor convenha a esta pessoa.". Não peça nunca "uma situação qualquer", mas sim uma situação justa, ou seja, aquela que esteja preparada para o plano divino, pois só ela poderá lhe trazer satisfação.

Em seguida, agradeça por tudo aquilo que já recebeu e para que a situação se manifeste rapidamente. Pouco tempo depois, a pessoa em questão recebeu três oportunidades: duas em Nova York e outra em Palm Beach e, com isso, não sabia qual aceitar. Então, eu lhe disse: "Peça uma direção precisa.".

A data limite para a resposta estava a ponto de vencer e ela ainda não havia tomado uma decisão. Assim, certo dia ela me ligou: "Acordei esta manhã e tive a impressão que senti o perfume de Palm Beach.". Ela já havia estado em Palm Beach no verão passado e conhecia muito bem o aroma da cidade.

"Dessa forma, você acabou de receber um sinal que tanto esperava", respondi. A partir disso, ela aceitou a oferta que, por sua vez, lhe foi extremamente favorável, em consenso com as diretrizes que surgiram em um momento inesperado.

Certo dia, caminhava pela rua quando, de repente, decidi entrar em uma padaria que ficava longe de minha casa e que não conhecia.

A razão me dizia: "Não há nada nesta padaria de que você possa precisar.". Entretanto, decidi não refletir e entrei. Quando cheguei, observei ao meu redor que não tinha mesmo nada de que eu necessitasse. Mas, de repente, encontrei uma senhora que estava sozinha e pensativa e que precisava de alguma ajuda, que eu poderia oferecer.

Isso mostra que, quando se busca uma coisa, acaba encontrando outra. A intuição é uma faculdade espiritual que não tem explicação, uma vez que ela não faz mais do que ensinar o verdadeiro caminho.

Geralmente, recebemos uma direção durante o "tratamento". A ideia que surge pode parecer incoerente, mas certas diretrizes de Deus são "misteriosas".

No decorrer de um curso, eu estava decidida a efetuar um "tratamento" para cada aluno que recebesse uma indicação (ou sinal) bem definida. Após o curso, uma aluna veio me procurar e disse: "Enquanto você tratava eu tive a ideia de retirar os móveis da garagem e alugar um apartamento.". Entretanto, ela veio me ver por causa de um problema de saúde. Eu disse a ela para providenciar um lar, depois sua saúde melhoraria, e acrescentei: "Acredito que sua doença, que é digestiva, ocorre porque deixa todas as coisas para depois. A congestão das coisas provoca a congestão do corpo. Você viola a lei da circulação e seu corpo paga as consequências.".

Depois, agradeça à "Ordem divina para reestabelecer seu espírito, seu corpo e seus negócios pessoais.".

Não sabemos até que ponto os assuntos agem sobre a saúde. Toda doença comporta uma correspondência mental. Uma pessoa pode ser curada instantaneamente quando entende que seu corpo é uma ideia perfeita do entendimento divino e, consequentemente, está sadio e perfeito. Porém, se continuar pensando de maneira destrutiva, se for uma pessoa mesquinha, sentir ódio, tiver medo ou condenar o próximo, com certeza a doença virá.

Jesus Cristo dizia que toda doença provém do pecado. Depois de curar um leproso ele disse: "Vá e não peques mais para que um mal maior não te aflijas.".

Assim, a alma (o subconsciente) deve ser lavada e tornar-se branca como a neve para que a cura seja permanente. Os metafísicos fazem profundas sondagens para descobrir essa classe de "correspondências".

Jesus Cristo disse: *"Não julgueis para não serdes julgados."*. Muitos atraem a doença e a tristeza quando julgam o próximo. Tudo o que o ser humano deseja para o próximo atrai para si mesmo.

Uma amiga me procurou cheia de cólera e dor porque seu marido havia lhe trocado por outra mulher. Ela não suportava essa mulher e repetia sem parar: "Ela sabia que ele era casado e não tinha o direito de aceitar seus galanteios.".

Eu respondi: "Pare de condenar essa mulher. Em vez disso, abençoe-a e acabe com essa situação porque se não o fizer vai atrai-la para você mesma.".

Ela não deu ouvido às minhas palavras e, em um ou dois anos, apaixonou-se por um homem casado.

Quando se critica ou condena alguém, é como se estivesse ligado a um cabo de alta tensão e o mínimo que se pode esperar é um choque.

A indecisão é uma pedra no caminho, para superá-la, repita sem parar: "Eu tenho sempre a inspiração direta e tomo rapidamente as melhores decisões.".

Essas palavras impressionam o subconsciente e não demora muito para estar alerta e ficar livre de qualquer dúvida. Aprendi que pode ser péssimo buscar essa direção no plano psíquico, pois, nesse plano, há inúmeras mentes e não uma "única mente".

À medida que o ser humano abre sua mente para a subjetividade, ela fica em branco para as forças destrutivas. O plano psíquico é o resultado do pensamento mortal, é o plano das oposições. Por meio dele recebemos mensagens tanto boas como ruins.

A numerologia e a astrologia mantêm o ser humano no plano mental (ou mortal), pois se ocupam mais que a via karmica.

Conheço um senhor que, segundo seu horóscopo, deveria estar morto há alguns anos. Só que ele estava bem e dirigia um dos maiores movimentos de seu país para o bem da humanidade.

Para neutralizar uma má predição, é necessário possuir uma grande força mental.

O aluno deve declarar: "Toda predição falsa será reprovada; todo plano que não é de meu Pai Celeste será eliminado e desaparecerá; os desígnios divinos serão realizados agora.".

Entretanto, quando recebemos uma boa mensagem, aquela que antecipa a felicidade ou a fortuna, devemos acolhê-la e esperar sua realização, isso contribui com sua manifestação.

A vontade humana deve servir para sustentar a vontade divina: "Eu quero que a vontade de Deus seja realizada.".

A vontade de Deus é conceder a cada um os desejos legítimos do seu coração, assim com a vontade do ser humano deve ser empregada para manter, sem dúvida alguma, uma visão perfeita.

O filho pródigo declarou o seguinte: "Eu vou me levantar e irei em direção a meu Pai.". Às vezes, é necessário realizar um esforço para abandonar as "algarrobas e os porcos" do entendimento humano. Para o comum dos mortais é muito mais fácil temer que ter fé: a fé é um esforço da vontade.

Ao despertar a espiritualidade, o ser humano reconhece que tudo o que se encontra em discordância ao seu redor corresponde a uma desarmonia mental. Quando tropeça e cai, pode-se dizer que tropeçou e caiu graças ao seu próprio entendimento.

Certo dia, uma aluna caminhava pela rua, viajando em seus pensamentos com a intenção de condenar alguém. Ela dizia a si mesma: "Esta mulher é a mais desagradável da face da Terra". Então, repentinamente, três garotos apareceram em seu caminho, após dar a volta numa esquina, e quase a derrubaram no chão. Ela não criticou os meninos, mas, imediatamente, apelou à lei do perdão por meio do "cumprimento à divindade" que havia naquela mulher. Os caminhos da sabedoria são vias agradáveis e cheias de paz.

Quando se faz uma chamada ao Ser Universal, deve-se esperar por surpresas. Tudo pode parecer que vai mal, mas, na realidade, tudo vai bem.

Uma mulher aprendeu que não há perdas para o entendimento divino e que, consequentemente, ela não poderia perder aquilo que lhe pertence e, em caso de perda, receberia o equivalente.

Alguns anos anteriores, essa pessoa perdeu 2 mil dólares. Ela havia emprestado esse dinheiro a um parente que morreu sem deixar mencionada a dívida no testamento. Essa mulher sentia-se amargurada e cheia de raiva com o fato, pois não tinha nenhuma prova de que havia emprestado o dinheiro. Decidiu então aceitar a perda e fez um pedido dos exatos 2 mil dólares ao "Banco do Universo". Começou perdoando o parente, uma vez que o rancor e a recusa de perdoar fecham as portas desse maravilhoso "banco".

A mulher afirmou: "Nego essa perda, não há perda alguma para o entendimento divino, consequentemente, não posso perder esses 2 mil dólares que me pertencem por direito divino. Quando uma porta se fecha, outra nova se abre.".

Essa mulher vivia em um apartamento alugado num edifício que estava à venda. O contrato tinha uma cláusula que dizia que, se ele fosse vendido, os inquilinos seriam obrigados a se mudar no término de 90 dias.

Injustamente, o proprietário do edifício e dos apartamentos fez um novo contrato e aumentou os aluguéis. Novamente, a injustiça surgia em seu caminho, mas, dessa vez, ela não se alterou. Abençoou o proprietário e disse a si mesma: "Esse aumento do aluguel significa que eu serei mais rica, pois Deus é minha riqueza.".

Os novos contratos estabeleceram novos valores de aluguel, mas, em razão de um erro providencial, a cláusula dos 90 dias de retirada, caso o edifício fosse vendido, foi omitida.

Pouco depois, o proprietário teve a oportunidade de vender seu edifício, mas, graças ao erro cometido nos novos contratos, os inquilinos puderam ficar em seus apartamentos por mais um ano.

O gestor ofereceu a cada um dos inquilinos 200 dólares para ir embora dos apartamentos. Muitas famílias se mudaram; outras ficaram, incluindo a mulher em questão. Passaram-se alguns meses. O proprietário voltou a entrar em contato com os inquilinos, só que, nessa ocasião, propôs à minha amiga: "A senhora aceitaria a quantia de mil e quinhentos dólares?". Nesse mesmo instante, percebeu o que acontecia: "Olha só! Aqui estão os meus dois mil dólares!". Ela foi ao encontro dos seus vizinhos: "Vamos agir juntos, já que querem nos tirar daqui". Sua direção consistia, portanto, em consultar seus vizinhos.

E eles declararam: "Se ele nos ofereceu mil e quinhentos dólares, com certeza, se pedirmos 2 mil dólares, ele nos dará.". E foi assim, de fato, que aconteceu, ela recebeu um cheque no valor de 2 mil dólares para deixar o apartamento.

Esse fato foi uma grande demonstração da lei espiritual, a injustiça aparente não pôde se manifestar e abriu novas portas. Isso demonstra que não há perdas e que, quando o ser humano age segundo a lei espiritual, obtém tudo aquilo que lhe é de direito divino.

"Eu lhe devolverei os anos destruídos pelas lagostas". As lagostas não são mais do que as dúvidas, os medos, os ressentimentos e as lágrimas do entendimento mortal.

Por si só, esses pensamentos adversos podem terminar por destroçar o ser humano, já que "ninguém dá nada ao ser humano, apenas ele se dá, e ninguém o rouba, apenas ele se rouba".

Estamos aqui para confirmar a existência de Deus e para dar testemunho da verdade, uma vez que só Deus pode demonstrar que a riqueza pode surgir da miséria e que a justiça pode surgir da injustiça.

Trazei todos os dízimos à casa do tesouro, para que haja mantimento na minha casa, e depois fazei prova de mim nisto, diz o Senhor dos Exércitos, se eu não vos abrir as janelas do céu, e não derramar sobre vós uma bênção tal até que não haja lugar suficiente para a recolherdes.

(Malaquias 3:10)

9

A PERFEITA EXPRESSÃO DE SI MESMO OU O DESÍGNIO DIVINO

Nenhum vento pode virar meu barco, nem mudar o curso do meu destino.

Para Ftodo ser humano existe uma perfeita expressão de si mesmo. Há um lugar que deve ser ocupado e que ninguém poderá ocupar em seu lugar; há coisas que só ele sabe fazer e que ninguém poderá fazer por ele. Esse é seu destino.

Essa ideia perfeita, mantida pelo entendimento divino, espera o reconhecimento do ser humano, pois a faculdade da imaginação é uma faculdade criadora, necessária para que a pessoa perceba a ideia antes de ser realizada.

Assim, o chamamento mais elevado que um indivíduo pode receber se refere ao desígnio divino de sua vida, mas o certo é que pode ter profundamente escondido dentro de si algum talento maravilhoso.

E esse chamamento deve ser o seguinte: "Espírito divino, abra os meus caminhos para que se manifeste o desígnio divino de minha vida; que liberte o gênio que existe dentro de mim e que eu possa compreender com toda clareza o plano perfeito.".

O plano perfeito compreende a saúde, a fortuna, o amor e a perfeita expressão de si mesmo. Essa é a quadratura da vida que traz consigo a felicidade perfeita. Após fazer esse chamamento, grandes mudanças podem ocorrer na vida de uma pessoa, pois todos os seres humanos estão distantes dos desígnios divino.

Conheço uma pessoa que enfrentou a seguinte situação: parecia que um ciclone havia devastado todos os seus negócios, mas ela se organizou rapidamente e novas oportunidades surgiram para substituir as anteriores.

A expressão perfeita de si mesmo nunca se manifestará como uma tarefa ingrata, mas terá um interesse tão absorvente que se parecerá com um jogo. Aquele que se inicia na verdade também sabe que, ao penetrar no mundo onde Deus dirige as finanças, a riqueza necessária será sua mais perfeita expressão ao alcance de suas mãos.

Mais de um gênio já passou por problemas financeiros, mas, como pronunciaram com fé a palavra, rapidamente puderam se livrar das dívidas.

Quer ver um exemplo? Após o encerramento de um curso, um aluno me procurou, mostrou-me uns centavos que tinha e disse: "Eu tenho apenas estes sete centavos, mas mesmo assim darei um a você, pois tenho fé no poder da sua palavra. Só peço que pronuncie para mim a palavra perfeita, para minha expressão e prosperidade.".

Assim, "pronunciei a palavra" e nunca mais soube nada daquele aluno durante um ano. Finalmente, ele regressou com uma aparência totalmente feliz, em pleno êxito e com a carteira cheia de dinheiro. Disse-me: "Depois que você pronunciou a palavra me apareceu uma oportunidade em outra cidade, onde encontrei a saúde, a felicidade e a riqueza.".

Para uma mulher, a expressão perfeita pode vir pelo fato de ser uma esposa notável, uma mãe ideal, uma dona de casa realizada, sem seguir necessariamente uma carreira brilhante.

Peça diretrizes nítidas e o caminho lhe será traçado com facilidade e repleto de êxito.

Não devemos "representar", nem forjar uma imagem quando pedimos que o desígnio divino penetre em nossa consciência; recebemos a clara inspiração e começamos a ver cumpridas as grandes ações. Aí se encontra a imagem ou a ideia mais conveniente e sem o menor vacilo. Aquilo que o ser humano busca, também busca o ser humano. O telefone buscou Alexander Graham Bell!

Os pais jamais deveriam impor a seus filhos as carreiras ou as profissões a seguir. Conhecendo a verdade espiritual, acredito que os pais deveriam pronunciar a palavra para a realização do plano divino já nos primeiros anos de vida da criança ou até antes do seu nascimento.

Um tratamento de pré-natal deveria ser feito da seguinte maneira: "Que os desígnios de Deus expressem-se perfeitamente nesta criança e atuem sobre seu espírito, seu corpo e seus negócios durante toda sua vida e por toda a eternidade.".

Que a vontade de Deus seja feita e não a do ser humano, segundo o modelo que planejaste. Este é um mandamento que encontramos constantemente nas Escrituras Sagradas. A Bíblia é um livro que trata da ciência do espírito e ensina ao ser humano livrar sua alma (o subconsciente) da escravidão.

As batalhas que se descrevem neste livro representam as lutas do ser humano contra os pensamentos mortais. "Os inimigos do ser humano serão aqueles de sua própria casa.". Todo ser humano é Josué e todo ser humano é David, que extermina Golias (o pensamento, o entendimento mortal) graças a uma pequena pedra branca (a fé).

Assim, o indivíduo deve vigiar para não ser um "mal servidor" que enterra seu talento para não ser servido daqueles dons que envolvem terríveis penalidades.

Geralmente, o medo impede a pessoa de se expressar corretamente. O medo atormenta até os gênios, mas ele pode ser superado por meio de palavras pronunciadas ou por um "tratamento" específico. O indivíduo perde toda a consciência de si e sente que há apenas um modo para expressar a Inteligência Infinita.

Ele se encontra sob a inspiração direta, livre de todo medo e cheio de confiança, pois sente e sabe que o Pai Maior atua sobre ele.

Um jovem assistia com frequência meu curso em companhia de sua mãe. Uma vez, ele me pediu que "pronunciasse a palavra" para um exame que faria.

Então o aconselhei a fazer a seguinte afirmação: "Estou ligado à inteligência infinita, sei tudo o que devo saber sobre essa disciplina". Ele possuía grandes conhecimentos de História, mas não estava seguro de seus conhecimentos em Aritmética.

Pouco tempo depois, tive a oportunidade de encontrá-lo: "Pronunciei a palavra para aritmética e recebi uma das melhores notas, em compensação confiei em mim mesmo em História e minhas notas foram muito baixas.".

O ser humano recebe um golpe quando está muito seguro de si, pois coloca toda a confiança em sua personalidade e não na do Pai que age sobre ele.

Outra de minhas alunas me deu o seguinte exemplo: num verão qualquer, ela fez uma longa viagem, visitando inúmeros países cuja língua ignorava. A cada instante, ela pedia as diretrizes e a proteção divina e tudo se resolvia milagrosamente. Suas bagagens jamais se atrasaram ou se perderam. Sempre encontrava os melhores hotéis e tudo era perfeitamente servido. Regressou a Nova York, só que, dessa vez, já conhecia a língua, então pensou que não precisava mais pedir a ajuda de Deus e assim planejou sua viajem sem pedir nada a Ele.

Tudo saiu errado: suas bagagens se perderam no meio da agitação e da desordem. É preciso ter o costume de praticar a "presença de Deus" a cada minuto, porque nada é insignificante nem demasiado importante.

Às vezes, um pequeno incidente pode transformar toda uma vida.

Robert Fulton, que pensava alto no momento em que fervia a água de sua chaleira, imaginava-se num transatlântico.

Vejo com frequência os alunos atrasarem sua demonstração por resistência ou porque queriam escolher o próprio caminho. Dessa maneira, limitam sua fé e paralisam a manifestação.

"Meus caminhos e não teus caminhos!", ordena a inteligência infinita. No caso de qualquer classe de energia tratar do vapor ou da eletricidade, é necessário um instrumento que não ofereça nenhuma resistência e esse instrumento é o ser humano.

Constantemente, as escrituras sagradas aconselham ao ser humano ficar tranquilo. "Oh Judá, não tenhas medo, mas amanhã saia ao seu encontro, pois o Senhor estará contigo. Não terás que lutar nesta batalha, relaxe, tenha tranquilidade e contemple a salvação do Senhor que está contigo.".

É possível constatar essa tranquilidade no caso em que a mulher recebeu do proprietário do edifício onde morava seus 2 mil dólares. Ela adotou uma postura não resistente e de fé inquestionável. Isso também foi possível notar no caso em que a mulher recuperou o amor do homem que amava após cessar seu sofrimento.

O objetivo do estudante de metafísica é o equilíbrio, o domínio de si mesmo. E esse domínio é sua força, pois a força de Deus dá a possibilidade de avançar através do ser humano, a fim de "atuar conforme Seu bem querer".

Dono de si mesmo, o estudante pensa claramente e "toma rapidamente as decisões corretas". "A sorte não lhe falta nunca".

A ira altera a visão e envenena o sangue. É a causa das doenças e das decisões que levam ao desastre. A ira está incluída nos pecados capitais, tanto em relação a suas reações como em relação aos seus efeitos maléficos. O estudante aprende que, em metafísica, a palavra pecado tem um sentido muito mais amplo do que aquele que se ensinava antigamente: "Tudo o que é contrário à fé é pecado.".

Ele percebe que o medo e a preocupação são pecados mortais. É a fé ao contrário, já que, por meio de imagens mortais deformadas, provocam precisamente aquilo que recusa. Seu trabalho consiste em rejeitar seus inimigos (além do subconsciente). "Quando o ser humano estiver isento do medo, ele será perfeito.". Mas, como disse Maeterlink, "o homem tem medo de Deus".

Assim, como vimos nos capítulos anteriores, o ser humano não pode vencer o medo e enfrentar o que lhe assusta. Quando Josafat e seu exército se preparavam para sair ao encontro do inimigo, cantou: "Louvado seja o Senhor, pois sua misericórdia dura por toda a eternidade.". A partir daí, percebeu que seus inimigos estavam matando uns aos outros e que assim não precisaria lutar contra ninguém.

Uma pessoa havia pedido a uma amiga que transmitisse uma mensagem a uma terceira pessoa. Essa amiga tinha medo de fazer isso, pois a razão lhe aconselhava: "Não se envolva neste assunto e não se torne responsável desse ato.".

Mas ela se sentia bastante inquieta, apesar de ter pronunciado a palavra. Finalmente, decidiu "enfrentar o leão" e fez um chamamento à lei da proteção divina. Foi ao encontro da pessoa que pediu que comunicasse o recado à outra, mas, quando foi abrir a boca, a pessoa lhe disse: "Fulana foi embora da cidade", o que tornava inútil a mensagem que deveria transmitir, uma vez que a situação dependia da presença daquela outra pessoa.

Como havia rogado, algo aconteceu, ou seja, não resistiu e não se sentiu obrigada; ela não teve medo e a situação embaraçosa se resolveu e desapareceu por si só.

Os estudantes atrasam frequentemente sua demonstração, pois acham que sua ideia está sempre incompleta. Deveriam fazer a seguinte afirmação: "Por meio do Espírito Divino posso alcançar tudo, portanto, minha demonstração está completa, meu trabalho é perfeito, meu lar é perfeito e minha saúde também é perfeita.".

Tudo o que pedimos é uma ideia perfeita, elas ficam arquivadas no entendimento divino e devem ser manifestadas "por meio das bênçãos e de maneira perfeita". É importante agradecer por receber do plano invisível e preparar-se ativamente para receber do plano visível.

Outra de minhas alunas tinha a necessidade de fazer uma demonstração pecuniária, então me procurou e perguntou por que essa demonstração não chegava a dar um resultado.

"Talvez porque você tenha o hábito de não terminar tudo aquilo que começa, assim, seu subconsciente se acostumou a não terminar as coisas" (da mesma maneira que ocorre do lado de fora, ocorre dentro).

"Você tem razão", ela me respondeu. "Começo a fazer muitas coisas e não termino. Vou entrar em minha casa e terminar de fazer uma coisa que comecei há várias semanas. Estou segura de que isso será o símbolo da minha própria demonstração.".

Ela se dedicou nessa tarefa e, em pouco tempo, terminou o trabalho. Pouco depois, o dinheiro chegou até ela de maneira curiosa.

Naquele mesmo mês, seu marido recebeu o dobro do pagamento do salário. Convencido de que aquilo se tratava de um engano, ele comunicou a seus chefes e, em razão dessa grande atitude, decidiram doar-lhe aquela quantia.

Quando o ser humano pede com fé, não pode deixar de receber, pois Deus cria suas próprias vias.

Em certas ocasiões, os alunos me fazem esta pergunta: "Vamos supor que eu tenha vários talentos. Como saber qual devo escolher?". Peça para receber uma direção clara e diga: "Espírito infinito, dê-me a indicação clara, revela qual deve ser minha perfeita expressão e me ensina qual talento devo utilizar atualmente.".

Vejo que, de repente, as pessoas deixam uma tarefa de lado e se satisfazem com pouco ou quase nenhuma aprendizagem. Deve-se afirmar: "Estou totalmente preparada para o plano divino de minha vida e enfrento sem medo as situações que se apresentam.".

Certas pessoas doam-se voluntariamente, mas não sabem receber; recusam os presentes, seja por orgulho ou por qualquer outra razão negativa e esgotam suas possibilidades, por isso encontram-se constantemente desprovidas de tudo.

Por exemplo, uma senhora que doava muito dinheiro acabou recebendo uma doação de milhões de dólares, mas recusou dizendo que não tinha necessidade. Pouco depois, suas finanças começaram a diminuir e essa mulher entrou numa grande dívida, exatamente o mesmo valor que lhe haviam oferecido. É necessário receber com gratidão o pão que nos oferecem "e veem das águas" livremente, pois, se você dá, certamente receberá de volta.

O equilíbrio entre dar e receber existe sempre, embora o ser humano deva dar sempre sem espera nada em troca. É contra a lei não aceitar aquilo que nos é oferecido, pois tudo vem de Deus e o ser humano não é mais do que o seu canal.

Não deve haver nunca um pensamento de escassez em relação àquele que dá.

Por exemplo, quando aquele meu aluno me deu um centavo, na hora eu não pensei: "Pobre homem, ele não está em condições de me dar este centavo.". Depois eu o vi rico e próspero, recebendo parte da abundância existente. Foi esse pensamento que eu lhe induzi a atuar e ele o fez. Se não sabe receber, é necessário aprender e fazer brotar as fontes; devemos saber aceitar aquilo que nos é oferecido, mesmo que seja apenas um selo.

O Senhor ama tanto aquele que sabe receber como aquele que sabe dar.

Geralmente, perguntam-me por que algumas pessoas nascem ricas e saudáveis, enquanto outras são pobres e doentes.

Onde houver um efeito, haverá sempre uma causa, ou seja, o azar não existe.

Essa questão encontra resposta na lei da reencarnação. O ser humano passa por várias vidas, inúmeras mortes, antes de conhecer a Verdade que lhe permite ser livre. Isso acontece quando ele se sente atraído à Terra, em razão dos seus desejos anteriores insatisfeitos, para pagar suas dívidas karmicas ou para cumprir com seu destino.

Portanto, aquele que nasce rico e saudável manteve em seu subconsciente, durante o transcorrer de sua vida anterior, as imagens de riqueza e saúde, enquanto que aquele que se encontra pobre e doente criou imagens de pobreza e doença.

Em qualquer plano que esteja, o ser humano manifesta a soma total das convicções do seu próprio subconsciente.

Entretanto, o nascimento e a morte são leis estabelecidas pelos seres humanos, pois "o pagamento do pecado é a morte", a expulsão de Adão da consciência, por acreditarem em dois poderes (o bem e o mal). O ser humano real e o espiritual não conhecem o nascimento nem a morte! Ele nunca nasce e nunca morre, mas sempre estará no começo!

Assim, através do conhecimento da Verdade, o ser humano se livra da lei do karma, do pecado e da morte e se manifesta por meio da imagem criada de Deus, segundo sua semelhança. Sua liberdade ocorre quando cumpre com seu destino, fazendo surgir a manifestação dos desígnios divinos de sua vida.

O Senhor lhe dirá: "Está bem, meu bom e leal servidor, tu tens sido fiel em algumas ocasiões e eu te restabelecerei em muitas (incluindo a própria morte). Entre no gozo do teu Senhor (na vida eterna)".

10

NEGAÇÕES E AFIRMAÇÕES

Tu decretas algo e lhe será dado.

Todo o bem que deve ser manifestado na vida de um ser humano já é um fato cumprido para o entendimento divino. Para colocar em prática, Deus espera que o ser humano reconheça e pronuncie a palavra, ou seja, o próprio ser humano é quem deve decretar para que o desígnio divino se manifeste em sua plenitude, pois, geralmente, decreta por suas "palavras em vão" o pecado e a tristeza. É extremamente importante que se pronuncie de maneira correta os pedidos, como já foi especificado no capítulo anterior.

Quando se deseja um lar, bons amigos, uma bom trabalho ou qualquer outro bem, é necessário pedir à *"vontade divina"*.

Por exemplo: *"Espírito infinito, abra os caminhos que conduzam a meu verdadeiro lar, a meus verdadeiros amigos e à minha verdadeira posição. Eu te agradeço para que se manifeste agora mesmo, pela graça e de maneira perfeita."*.

O objetivo da afirmação é de uma importância capita. Vamos ver uma prova disso: uma de minhas conhecidas pediu mil dólares. Sua filha foi vítima de um acidente e recebeu mil dólares de indenização, ou seja, ela recebeu o que havia pedido, mas não de maneira perfeita. O pedido deveria ser feito da seguinte maneira: "Espírito infinito, eu te peço que os mil dólares que me pertencem por direito divino sejam liberados agora mesmo e me cheguem pela graça e de maneira perfeita.".

À medida que nossa consciência da riqueza se desenvolve, é conveniente precisar que as grandes somas de dinheiro que nos pertencem por direito divino cheguem até nós pela graça e pelos meios perfeitos.

É impossível ministrar um curso verdadeiramente livre ao que não acreditamos que é possível, uma vez que nos encontramos limitados pelas pretensões do subconsciente. É necessário ampliar essas pretensões a fim de receber mais. O ser humano se limita, como frequência, em seus pedidos. Assim, um aluno pediu 600 dólares para determinada data. Por fim, ele obtete a quantia, mas, pouco tempo depois, percebeu que, na realidade, desejava receber mil. Entretanto, e conforme suas palavras pronunciadas, recebeu apenas os 600 dólares.

"Isso tem limitado ao Santo de Israel". A riqueza é um assunto de consciência. Os franceses têm uma lenda que ilustra bem essa verdade:

Um homem muito pobre sai à rua e encontra um viajante que lhe para e diz: "Meu amigo, vejo que você está muito triste, pegue esta barra de ouro, venda-a e será rico por toda a vida". O homem, entusiasmado de alegria pela boa sorte, levou a barra de ouro para sua casa. Imediatamente, encontrou trabalho e ganhou tanto dinheiro que não teve mais necessidade de vender aquela barra. Passaram-se anos e esse homem se tornou muito rico. Certo dia, um homem bem pobre cruzou seu caminho e, em seguida, ele o parou e disse: "Meu amigo, vejo que você está muito triste, pegue esta barra de ouro, venda-a e será rico por toda a vida.". O mendigo pegou a barra, examinou e percebeu que aquilo não era mais do que cobre.

Assim, vemos como o primeiro desses homens tornou-se rico, ele tinha um sentimento de riqueza e pensava que a barra era de ouro.

Todo ser humano traz consigo sua própria barra de ouro. Essa é a consciência do ouro e da abundância que atrai riqueza para sua vida. Ao formular seus pedidos, é necessário começar pelo fim, ou seja, declarar já ter recebido. "Antes que me chamem, eu responderei.". Ao afirmar continuamente, a fé se estabelece em seu subconsciente.

Não é necessário repetir uma afirmação se não tem uma fé perfeita. Não se deve suplicar, nem implorar, mas agradecer constantemente por aquilo que já recebeu.

"O deserto se alegrará e abrirá como uma rosa.". O fato de alegrar-se enquanto ainda estamos no deserto (estado de consciência) abre os caminhos da libertação. A oração dominical é, por sua vez, um mandamento e um pedido. "Dai-nos hoje o pão nosso de cada dia e perdoai as nossas ofensas, assim como nós perdoamos a quem nos tenha ofendido" e termina o louvor dessa maneira: "Pois é a Ti que pertenço, por todos os séculos, pelo reino, pela força e pela glória. Amém.".

Assim, essa oração é um mandamento e um pedido, um louvor e uma ação de graças. O trabalho do aluno consiste em acreditar "que com Deus tudo é possível".

Isso parece fácil, tomado pelo abstrato, mas é um pouco mais difícil quando nos encontramos em alguma dificuldade.

Por exemplo, uma mulher precisava de uma grande quantia em dinheiro para determinada data. Ela sabia que deveria "fazer qualquer coisa" para obter certa realização (pois a realização é a manifestação) e pediu uma diretriz. Pouco depois, ao passar por uma loja, ela avistou um abridor de cartas de esmalte rosado exposto na vitrine. Sentiu-se atraída pelo objeto e pensou em seguida: "Eu não tenho um abridor de cartas tão elegante como este para abrir lugar para grandes cheques".

Então ela o comprou, mas sua razão lhe dizia que estava louca por ter realizado tal gasto. Entretanto, quando o teve em suas mãos, ela viu a si mesma, dentro de sua imaginação, abrindo um envelope que continha um expressivo cheque. Algumas semanas depois, efetivamente, recebeu o dinheiro de que necessitava. O abridor de cartas de esmalte rosado foi a forma pela qual sua fé ativa pôde ser colocada em prática.

Há inúmeros relatos sobre a força do subconsciente quando estiver dirigido pela fé.

Um homem, por exemplo, passou a noite inteira em um sitio. As janelas de seu quarto estavam fechadas e, no meio da noite, ao sentir-se sufocado, dirigiu-se no meio da escuridão a uma das janelas. Não conseguiu abri-la e quebrou com um soco o vidro da janela. Depois disso passou uma noite excelente.

Na manhã seguinte, deu-se conta de que havia quebrado apenas uns cristais da estante de livros, enquanto que a janela permanecia fechada do mesmo jeito durante toda a noite. Ele estava buscando oxigênio e pensava apenas no oxigênio.

Quando um aluno começa a fazer demonstrações da lei espiritual, não deve voltar atrás jamais: "Aquele que vacila, não pense que receberá o que é do Senhor.".

Um aluno negro me disse, certo dia, uma coisa maravilhosa: "Quando peço qualquer coisa ao Pai, sou categórico e digo: 'Pai, não aceitarei menos do que peço, aceitarei apenas se for mais do que pedi'.".

Portanto, o ser humano não deve se acomodar nunca. "Uma vez que já tenha feito o necessário, mantenha sua posição.". Às vezes, esse é o momento mais difícil da demonstração. Constantemente nos sentimos tentados a desistir, atrasar ou transigir.

Mas não se esqueça de que "Deus também serve aquele que não faz nada, mas espera tranquilamente.".

As demonstrações são realizadas geralmente na décima primeira hora, pois esse é o momento em que o indivíduo relaxa, ou seja, deixa de refletir e é aí que a inteligência infinita pode atuar.

"Os desejos sombrios recebem uma resposta sombria, e os desejos violentos recebem uma resposta violenta, ou então demoram a ser realizados".

Uma senhora me perguntou por que perdia ou esquecia seus óculos frequentemente. Ao analisar a questão, descobrimos que ela dizia sempre aos demais e a si mesma com irritação: "Gostaria tanto de me livrar desses óculos.". E seu desejo impaciente se realizava violentamente. Deveria pedir uma visão perfeita, mas não registrava isso em seu subconsciente, a não ser o desejo de se livrar dos óculos; assim continuamente ela os esquecia ou perdia.

A dualidade da atitude de espírito provoca perdas e depressões, como mostrou o caso da pessoa que não gostava de seu marido, do medo da perda, de creditar ao seu subconsciente a imagem da perda.

Quando um aluno se livra do seu problema (entrega a carga), ele apenas obtém uma manifestação instantânea.

Uma senhora estava na rua, no meio de uma violenta tempestade e seu guarda-chuva acabou virando com o vento. Tinha que fazer uma visita a uma pessoa que não conhecia e não queria chegar ali com um guarda-chuva quebrado. Por outro lado, não podia jogá-lo fora porque ele não lhe pertencia. Desesperada, rogou: "Oh, Senhor, veja o que é melhor fazer com esse guarda-chuva, pois eu não sei o que fazer com ele.".

Um instante depois, uma voz lhe disse: "Senhora, quer que eu arrume este guarda-chuva?". Nesse momento, ela se deparou com um homem que consertava guarda-chuvas e aceitou a oferta na hora.

Ela deixou o guarda-chuva para ser consertado enquanto foi realizar a visita que tinha que fazer. Ao regressar, encontrou um objeto praticamente novo. Há sempre ao nosso alcance um consertador de guarda-chuvas quando não sabemos mais o que fazer com ele, ou seja, com a situação que nos preocupa. A solução é entregar nas mãos de Deus. Uma negação deve vir sempre seguida de uma afirmação.

Já era tarde da noite quando me ligaram para tratar de um homem que eu nunca tinha visto. Ele estava aparentemente bem doente e eu lhe disse: "Nego o surgimento desta doença. Ela é irreal, portanto, não pode ser registrada em seu subconsciente. Este homem é uma ideia perfeita do entendimento divino, pura substância da perfeição.".

Na manhã seguinte, o homem sentia-se muito melhor e, já no outro dia, estava suficientemente bem para retornar às suas atividades.

Para o entendimento divino não há tempo nem espaço, portanto, a palavra alcança instantaneamente seu destino e não "volta vazia". Já tratei de doentes que estavam na Europa e os resultados foram imediatos.

Meus alunos me perguntam sempre qual é a diferença entre a imaginação e a visão, "visualizar" e "visionar".

Visualizar é um processo mental governado pela razão ou pela consciência; já a visão é um processo espiritual governado pela intuição ou pelo superconsciente. O estudante deve treinar seu espírito para receber inspiração e realizar essas "imagens divinas" por meio de diretrizes claras. Até que um ser humano não seja capaz de dizer: "Não desejo nada que Deus não queira para mim.". Esses desejos errôneos não se apagam de sua consciência e o mestre arquiteto, Deus, não lhe dará novos planos.

O plano de Deus para todo ser humano ultrapassa as restrições do argumento isso sempre é a quadratura da vida que contém saúde, fortuna, amor e a expressão de si da melhor maneira. Mais de um ser humano construiu em sua imaginação uma casa de campo quando deveria construir um palácio.

"As qualidades mais sutis do cérebro não são as forças irracionais e nossa razão não é capaz de suprir nosso conhecimento direto dos fatos. A intuição dispõe de um campo de ação mais vasto que a razão e, a fé religiosa, puramente intuitiva, constitui um incentivo mais eficaz que a ciência e a filosofia. É a convicção que faz atuar, não o conhecimento." (Pierre Lecomte du Noüy, *A dignidade humana*.).

Vejo a lei espiritual atuar em condições extremamente assombrosas. Por exemplo, uma aluna me disse que necessitava obter cem dólares para o dia seguinte. Ela precisava pagar uma dívida de extrema urgência. Pronunciei a palavra declarando que o espírito jamais se atrasa e que a riqueza está sempre ao alcance de nossas mãos.

Nessa mesma noite, a jovem me ligou para comunicar que havia acontecido um milagre. Ela teve a ideia de examinar os papéis que estavam no seu cofre pessoal. Antes de verificar seus documentos, encontrou no fundo do cofre uma nota de cem dólares. A mulher ficou extremamente surpresa por ter esquecido aquela nota ali, uma vez que olhava sempre aqueles papéis. Isso parecia ser a materialização dos pães e dos peixes.

O ser humano atingirá o estágio em que a palavra se faz presente, ou seja, a mesma se materializará de forma instantânea. "Os campos estarão prontos para a colheita" e se manifestarão imediatamente, assim como todos os milagres de Jesus Cristo. Unicamente o nome de Jesus Cristo tem uma força formidável. Ele representa a Verdade manifestada e assim declarou: "E tudo o que pedirdes ao Pai em meu nome, eu o farei, para que o Pai seja glorificado no filho.".

A força desse nome eleva o estudante à quarta dimensão. Esse é o lugar onde se encontrará livre de todas as influências astrais e psíquicas. Assim como não deixa nenhuma pessoa atada por algum fator absoluto, Deus não se vê atado por nada e é absoluto.

Tenho presenciado uma série de curas em resposta às palavras "Em nome de Jesus Cristo". Jesus foi e é, por sua vez, pessoa e princípio; o Cristo que há em cada ser humano é seu próprio redentor e salvador.

O Cristo interior é o Eu da quarta dimensão, o ser humano feito à imagem e semelhança de Deus. É o Eu que não conhece o pecado, nem a doença nem o sofrimento, aquele não nasceu e jamais morrerá. É a "Ressurreição e a Vida" em cada ser humano.

"Ninguém virá ao Pai, ao menos que seja por meio do seu Filho", significa que Deus, o Universal, atua sobre o ser humano através de Cristo, e o Espírito Santo significa Deus em ação.

Assim, cotidianamente, o ser humano manifesta a Santíssima Trindade do Pai, do Filho e do Espírito Santo.

O fato de pensar deveria alcançar a perfeição de uma arte. Aquele que chega a essa maestria precisa ter cuidado para não pintar sobre a tela do seu espírito nada a mais do que o desígnio divino. E pintará seus quadros com magistrais toques de força e decisão, com uma fé tão perfeita que será capaz de alterar sua perfeição, sabendo que isso se manifestará em sua vida como um ideal que se tornará real.

Todo poder é dado ao ser humano (através do pensamento justo) para chegar ao *"Céu na Terra"* e alcançar a meta do *"Jogo da Vida"*.

Suas regras são: fé isenta de medo, não resistência e amor. Queridos leitores, vocês podem até ser libertos daquilo que os manteve presos durante anos, separando o que lhes pertence por direito e dando-lhes o conhecimento da verdade que os torna livres. Livres para cumprir seu destino, para provocar a manifestação do desígnio divino que há em sua vida: a salvação, a riqueza, o amor e a expressão perfeita de si mesmo. "Olhem para si transformados pela renovação do seu espírito.".

Para a prosperidade

Deus é minha riqueza infalível, as grandes quantias em dinheiro vêm rapidamente até mim, por meio da graça divina e pelos meios perfeitos.

Para condições harmoniosas

Todo plano que meu Pai Celestial não conceba é dissolvido e desaparece, e o plano divino se manifesta.

Apenas o que é verdade para Deus é verdade para mim, pois eu e o Pai somos um só.

O amor divino afasta e extermina agora todo o estado discordante do meu espírito, do meu corpo e dos meus negócios. O amor divino é o mais poderoso químico do Universo e faz desparecer aquilo que não é Ele.

Para a fé

Como sou único para Deus, meus bens não são mais do que exclusivos, uma vez que Deus é, por sua vez, o doador e a dádiva. Não posso separar o doador da dádiva.

Para a vista

Meus olhos são os olhos de Deus. Vejo com os olhos do espírito. Vejo claramente os caminhos abertos e não há obstáculos no meu caminho. Vejo claramente o plano perfeito.

Para a saúde

O amor divino inunda minha consciência com saúde e luz para cada uma das células do meu corpo.

Para as diretrizes

Sou infinitamente sensível às minhas diretrizes intuitivas e obedeço instantaneamente a Tua vontade.

Para os ouvidos

Meus ouvidos são os ouvidos de Deus. Escuto com os ouvidos do espírito. Não sou resistente e estou disposto a deixar-me conduzir. Eu ouço.

Para o trabalho

Tenho um trabalho maravilhoso, divinamente dado, dou o melhor de mim e sou muito bem pago pelo que faço.

Para estar livre de toda escravidão

Eu entrego esta carga que há sobre mim a Cristo e sigo em frente: livre!